一個老男人
給女人的
N條忠告

凱文・王◎編著

前言

我，一個年近五十的老男人，也算是事業有成、家庭幸福，看遍了人生百態，見識了無數形形色色的女人：我見過大海撈針、希望能夠一舉捕獲金龜婿的女孩；我見過無數次在愛情中傷心失意，卻無法學會留住另一半的女人；我見過在婚姻中傷痕累累、筋疲力盡的妻子們……

我發現，很多女人在愛情上既無真誠，又無技巧，她們不知道自己真正想要的是什麼；有些人雖然有著最明確的目標，但她們卻不知道怎樣才是達到目標的最佳途徑；她們不知道在情感的溝通和交流方面，男女之間存在的差異；她們不清楚男人心中所想、所願，不去理解他們。總之一句話，她們對男人缺乏認識。所以今天我寫下這些忠告，希望我——一個經歷過無數人生歲月起伏的老男人，一個真正看透了男人這東西的老男人，能夠用我的人生經驗告訴妳們，如何去瞭解男人。

對男人來說，一根繩子會讓他產生掙脫的欲望，而一個磁場卻能給他自由的假象和永恆的誘惑。因此，女人不要試圖捆住男人，讓他成為自己的「唯一」，想當然地替對方「著想」，卻弄巧成拙。想想吧，妳是要讓男人開開心心，還是愁眉苦臉？妳是想要他對妳心存感激還是為妳動情？妳是想彼此之間充滿了情趣還是互相防備？

女人也許不會承認，男人事實上並非妳想像得那麼不羈，只不過，他們不希望身旁的女人像老媽一樣就好了。現實情況是，女人常常試圖改造男人，從中體驗「愛」的感覺。然而，這極有可能傷害男人的自尊，讓他們覺得沒有「面子」。恰恰「面子」是男人最害怕丟失的東西，對婚姻中的女人來說，怎樣維護一個男人的面子，比怎樣改變他懶惰的毛病更重要，也更有用。

聽說一個有趣的現象：丈夫出門的時候，若是將門關得太響了，女人就懷疑他是在發脾氣；若輕輕將門關上，女人就懷疑他不存好心。其實，男人不過是一時而為，他的動作可能連他自己都沒有在意，更與女人的猜想毫無關聯。生活是瑣碎的，細想起來不外是些雞毛蒜皮的小事，可是它們會演變成情感的絆腳石，讓男女雙方陷入危機。怎麼樣對待這些日常小問題，防微杜漸，讓婚姻充滿幸福，讓彼此成為最好的搭檔？這裡，我們就從愛情的細微末節入手，討論如何恰當地表達自己的愛，讓愛成為一種支持和泉源，而不是逆反的力量，讓妳獲得並灌溉生命中的幸福。

Contents

3 男人好色

4 男人喜歡的調調

Contents

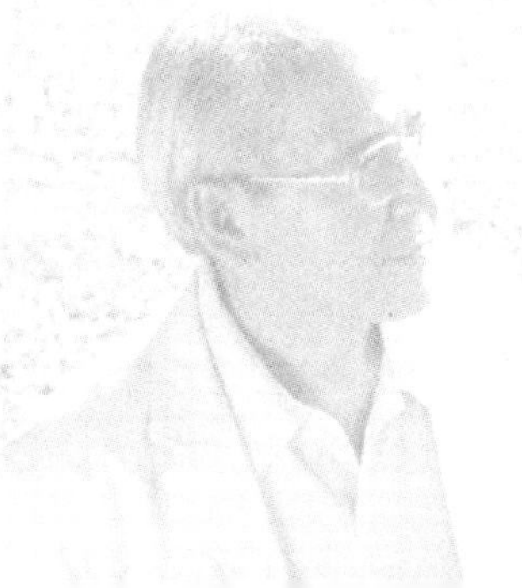

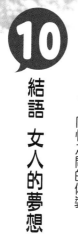

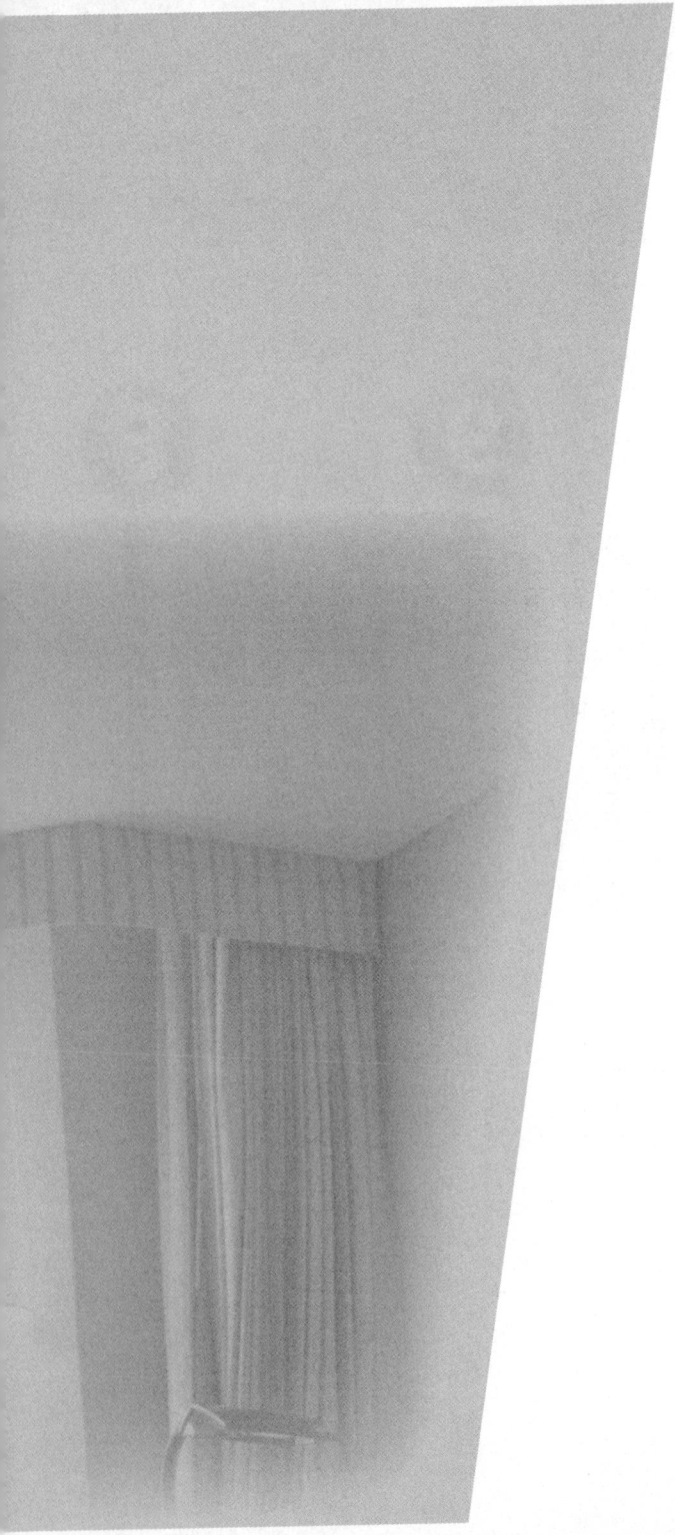

1 男人想要的愛情，原來如此

愛情讓人捉摸不透，又讓人無限神往，無數女人做著一舉捕獲金龜婿的美夢，無數女人費盡心思挽留對方的心。她們苦苦追索，卻難以達到目的；她們想盡了辦法，卻換來男人毫不留戀地離去。到底如何做才能獲得美滿的愛情，到底怎麼樣才能讓心愛的人永不離去？親愛的女人們，不妨先來瞭解一下男人，看看在他們眼裡，愛情是什麼樣子，這也許可以幫妳們有的放矢。

那時我們都很年輕，正是花樣年華，幾乎天天見面，很容易地彼此喜歡上了。那天我們走在大街上，看見一個男人送給一個女孩一大束鮮花，那個女孩使勁聞了一下，一副陶醉的樣子。這時，身邊的她忽然低聲嘟囔了一句：「你怎麼不送我花？」

「妳喜歡這個?!」我真是驚奇，因為從來沒有聽她說起過。她惱怒地看我一眼，轉身走了。我莫名其妙地追上去，可是她不肯理我。

這「猜猜看」的遊戲還上演了不少次，比如她讓我猜測早上吃了什麼飯？喜歡哪部電影？最崇拜的明星是誰等等。每當我回答錯誤時，她就會很傷感地說：「你對我一點感覺都沒有，看來你一點也不喜歡我喔！」這讓我摸不著頭緒，也難免心生反感，不知不覺，這段感情也就畫上了句號。

很長一段時間，我都不清楚我們之間到底是怎麼回事，她，究竟想要什麼，為何不明確告訴我呢？難道她很喜歡這種猜來猜去的遊戲？

有一位朋友，與女友相戀著走出校園，踏入社會，不久就生活在一起。女友不屑做家事，朋友便主動承擔了大部分家事，照顧她，照顧著兩人的生活。社會不同於校園，生活變得複雜起來，有一次，女友下班後與男同事喝酒，深夜方歸，朋友大為震怒，兩人吵了起來。幾天後，還是朋友率先提出和解，擁住女友說對不起。不過，從此他們的爭吵增多，儘管每次還是朋友首先轉身，可是女友明顯感覺到等待他轉身的時間愈來愈長。

終於，他們又一次為一件小事發生了爭吵，朋友再一次走出女友的房間。女友焦心地等待著，她多麼害怕失去他啊！一天、兩天、三天……一個星期過去了，朋友沒有轉身。女友耐不住等待的痛苦，決定離開幾天。她想他最終會轉身的，等她回來，一切都會好起來。然而，事與願違，當她回來時，朋友已經辭職去了外地。望著空蕩蕩的房間，女友欲哭無淚，她沒有想到他會採取這種決絕的方式。

個人的經歷和朋友的故事對我產生了影響，什麼是愛情？該如何追求和把握愛情？我不由得想到，許多女人將愛情當作生命一樣追求，呵護、珍藏，可是往往無法獲得想要的一切。這究竟是因為什麼？

多年來，我在生活的道路上歷經風風雨雨，見識了各色女人，在與她們交往的過程中，我時常記起那段年輕的歲月，看到那些在愛情中受傷的女人，我漸漸明白了一些道理，很多女人並不瞭解男人，不知道男人想要的愛情是什麼樣子。這成為她們愛情悲劇的根本原因。

1、他愛妳，不一定知道妳想要什麼

對男人來說，過於神祕、不愛說出自己所想的女人總會讓男人覺得非常困惑，他永遠都不知道女人在想什麼？自己怎麼惹到了女人？女人為何又不高興了？相反，一個有話直說的女人，總是肯清楚地、勇敢地表達自己，她自然可以很輕鬆地得到她想要的東西。男人，更喜歡與這樣的女人相處。

有一個故事講到，社區的清潔工在樓下撿到一個好玩的毛毛熊玩具，她好奇地抱著毛毛熊，摸摸它的腦袋，又摸了一下。忽然，毛毛熊的嘴巴慢慢張開，吐出一張小紙條，上面寫著一個外地的地址和電話號碼。清潔工瞇著眼睛看了看，將紙條扔進垃圾桶，帶著毛毛熊回家給兒子玩去了。

誰能料到，清潔工扔掉的紙條卻關係著一對戀人的命運！原來，兩位年輕人正在相戀，女孩卻要隨著家人搬走。男孩很傷心，女孩希望男孩留下自己，卻又不開口言明，她只是在上飛機前遞給男孩一個毛毛熊，告訴他想她時，就每天摸它一下。

男孩抱著毛毛熊，眼含淚水送走女孩，回到住處，他心裡空了。除了思念別無他想，他開始撫摸毛毛熊的腦袋，他摸了一次又一次，心中的思念非但沒減少，反而與日俱增。

就這樣，一天、兩天、一個月、兩個月……三個月後的一天，男孩死心了，他想女孩肯定放棄了自己。為了振作精神，他抱起毛毛熊扔到了窗外，恰好被清潔工遇到……。

當然，男孩永遠也不會明白，毛毛熊是女孩找人訂做的，如果摸它的腦袋一百次，它的嘴裡就會吐出寫著女孩地址和電話的紙條。女孩想透過這種方法考驗男孩，她暗暗決定，只要接到男孩的電話，她就立即趕回來，再也不和他分開。

可是，男人不是神仙，也不是女人肚子裡的蛔蟲，所以他們說：「女人的心，六月的天。」要想讓他們猜到女人的心思，實在太難了。

弗洛姆在《愛的藝術》一書中指出，大多數女人實際上都是把愛的問題看成主要是「被愛」的問題，其實，愛的本質是主動的給予，而不是被動的接受。

愛情是兩個人的事，很多女人總是怕吃虧，期待被愛比愛人多，儘管三千寵愛於一身，還感到不滿足。如果經年累月索取的比付出的多，就該反省一下，自己是不是守財奴，自己到底為愛情負了多少債。

老男人忠告

有話直說讓男人們清楚自己在彼此關係中扮演著什麼角色。不要以為他們腦子好，現實情況是，很多男人的腦袋跟漿糊一樣，妳不明說，他就什麼也不明白。男人很怕女人跟他們玩「猜猜看」的遊戲，更討厭猜錯了遭到女人責罵。他們會說：「天知道善變的女人腦袋瓜裡又在想什麼？」要是女人明明白白說出自己的想法，他們會愛得輕鬆許多，而妳也可以得到真正想要的，為什麼不呢？

2、不妨耍耍心眼

說出自己的愛，還要有一定的手段和方式，這對吸引男人來說同樣有用。我與太太的戀愛，正是從她那種半真半假的態度表現出的溫柔恭順開始的，她深深迷住了我，讓我覺得愛情充滿了趣味。

我與她的第一次約會，她一本正經的樣子讓我感到無所適從，不知所以，而實際上，這個約會是一週前，她主動把自己的電話寫在紙條上塞給我的。現在，她坐在我的身旁，表情冷淡，腰桿筆直，雙手緊緊握在一起，話語不多。我的感覺在告訴我，她對我不感興趣，約會不過是走走形式，我讓她失望了。

鬼才知道，她這樣做不過是對我的興趣實在太高，以致於不得不掩蓋一下自己的感情。這是女人的「故做姿態」，是她們在耍心眼。它的意思是說：我太喜歡他了，但這麼快就表現出我的感情，怕他覺得我太隨便了。

兩個月後我才知道她對我的真實想法，她對我說了一句影響我們彼此一生的話：「我覺得生下來就認識你了。」這話無異於對我說：「我覺得你真是太棒了。」聯想以前約會的情景，我感到女人真是奇怪，讓人捉摸不透。不過，這更給了我探究的興趣，也給了我追求的欲望。我認為眼前的她有趣極了，她給了我鼓勵。

當然，第一次約會時她的真實感覺並非如我所想。那天她回到家裡激動地對她妹妹說：「我真的喜歡他。昨天出去的時候，我時刻小心才沒讓他看出來。和他在一起感覺真好。我真希望他馬上就打電話給我。」這是後來她妹妹親口告訴我的，她說姐姐為了吸引我，才要這樣的心眼。

耍這樣的心眼是無害的，結局皆大歡喜。生人面前，我們每個人都在演戲。其實，在親近的人面前不妨也耍一耍心眼。像太太當年所為就是很高明的一招，這一招總是讓男人們不能不愛上妳。

有一個現象是，男人總是向不把他放在眼裡的女人獻殷勤，他們覺得這樣的女人更值得追求。卡斯楚有句真知灼見：女人永遠不要讓男人知道她多麼愛他，他會因此而自大。所以，即使妳很愛很愛某位男人，也不要迷失自己，而是要學會如何擄獲男人的心。女人應該具有愛的能力，這種能力包括妳對男人的瞭解和自我承擔，毫無疑問，耍心眼不僅意味著如何吸引男人，還在一定程度上包含著如何拒絕男人。

有位朋友曾經認識一位比他小５歲的女孩。他很為她著迷，積極籌劃與她交往。女孩對他也很有好感，就在他們準備進一步發展時，女孩突然告訴他，她以前的男朋友跑來糾纏她，說沒有她就活不下去。朋友驚愕之餘，想盡辦法擺平這件事，一面努力爭取女孩的愛，一面希望她那個無聊的前男友盡快死心。他覺得，憑自己的能力，打敗前男友不成問題。

令他意想不到的是，女孩在前男友百般糾纏下，竟然無力拒絕。特別是前男友每天打電話到她家裡，說沒有她就去自殺時，女孩遲疑了，害怕了，哭著告訴他，她不敢繼續與他交往下去了。對此，朋友只有啞然失笑，他對我說：「我不明白，自己怎麼喜歡上了這麼單純幼稚的女孩？」愛情因善良而生，又因善良終結。

在戀愛中男女兩個人都是主角，要有自己的主見，要有自己的「心眼」。男人心中所想，與妳聽到、看到的也許不一樣。記得讀書時一位室友喜歡上了一位女生，多次給她寫信，可是女生從不理睬。室友第十次給她寫信時說，女生要是不理他，他就從六樓跳下去。女生果然回信了，不過只有五個字：「那你就跳吧！」從此室友斷絕了結交女生的念頭。

老男人忠告

不要認為女人只有接受愛的權利，而沒有付出的義務。真實情況是，付出比索取對愛情更有益，也使自己更快樂。優秀的人，不管男女，都會是一個蘿蔔好幾個坑。所以這個世界天天上演著悲歡離合的故事。

3、要考驗，但不要用遲到

雖然男人喜歡女人耍一些心眼，但是這些心眼必須是可愛的，是吸引他們的。相反，有些心眼不能耍，比如說用遲到考驗男人。有位香港朋友，人很精明，有次回國時路過上海，他請我吃飯，電話裡詳細地交代了見面地點，並且說：「要是等了四十五分鐘還沒有見面，那就是出了不可抗拒的狀況，你我可以各自找地方吃飯了。」我很奇怪他的四十五分鐘之說，不知道其中有什麼道理。

見面後自然提及四十五分鐘之說，朋友毫無保留對我講了他的理由。那時，他剛讀大學不久，與一位女同學開始約會。第一次，他和她相約在學校的圖書館見面。他等了許久，始終不見她的影子。他焦急、徘徊，卻又不敢離去。一直等到半夜時分，她依然沒有出現，他實在睏了，只好快快而歸。一連幾次，她總是姍姍來遲。他有些反感，有一天他的父母路過他所在的大學，他準備帶她一塊出去吃飯。可是他們左等右等，不見她的影子。他父親急著談筆生意，就先回去了。他很氣憤，從此與她的關係也就淡漠了。隨著畢業，他們各分東西，這段感情也隨之雲消霧散。

後來，他和她偶然相遇，都已是男婚女嫁，兒女繞膝。她竟然還記得當年約會的事，並問他：「當年你為什麼忽然不理我了？」他詫異，隨後笑著說：「因為女人考驗男人的辦法是約會遲到，男人考驗女人的辦法是遠走高飛。所以我只好離開妳啦。」

她沒有聽出他的話外之意，兀自感嘆道：「其實每次約會，我去的都很早，不過故意躲在圖書館裡，無非想考驗考驗你。唯獨你父母那次，我參加活動，確實去晚了。等我到時，看到你竟然不在，我還以為你父母不同意我們交往呢！」言語中流露出深深的惋惜。

講到這裡，朋友頗有感慨地說：「看來，她還沒有明白，男人很反感女人用遲到考驗自己。」對啊，世界上沒有哪個男人喜歡約會遲到的女人。可是女人們偏偏喜歡用遲到考驗男人，她們覺得這樣做可以在男人面前抬高個人身價，磨練男人的耐心，似乎是個下馬威。她們卻不知道，一個人的耐心是有限度的，耐心消磨完了，就會消磨愛。所以，不要經常遲到，不要以為男人愛妳就應該有無限的耐心。

對男人來說，真實的情況是，大部分男人都很看重第一次約會，抱著一次搞定心態的男性不在少數。如果他遭到拒絕或麻煩，將會信心大挫，他很可能換個女人碰碰運氣。看到這裡，女性朋友也許要驚呼：「男人太不可靠了！」這與可靠無關，這是人性決定的。沒有幾個男人是牛皮糖，有百折不撓的信念和不知羞恥的心態；也沒有幾個男人有強韌的神經，經得起數次「摧殘」，他們害怕受到挫折，擔心被晾在一邊，接受無來由地考驗，他們容易陷於保護自己的條件性反射中。因此，要是不想讓妳的男人遠走高飛，妳最好也停止約會遲到。

因考驗而終結一場戀愛，可是，做為女人難道不能考驗戀人嗎？男人會接受什麼樣的考驗？該如何考驗他們呢？很多人聽說過「戴紅玫瑰的醜女人」的故事。第二次世界大戰時，一位叫布朗的英國士兵患了戰爭恐懼症，總想著從戰場上開溜。一個偶然的機會，他拜讀了一位叫裘蒂絲的女士撰寫的《在炮火中如何保持心靈平靜》一書，進而克服毛病，屢立戰功，榮升為上尉。從此，布朗開始與裘蒂絲通信，在不斷交流過程中，兩人互訴愛慕之情，感情日深。異地相戀，未曾謀面，這聽起來多麼不可思議。

三年後，戰爭結束，布朗與裘蒂絲相邀見面。按照約定，裘蒂絲胸前佩戴一朵紅玫瑰，做為相認的記號。布朗在約定地點等待時，竟然看到一位四十歲開外，長相奇醜無比的女人戴著一朵紅玫瑰向自己走來。布朗大驚，遲疑著不知道該不該上前相認。最終，他選擇了相認，並邀請眼前的女人共進晚餐。醜女人笑著說：「真是奇怪，我不叫裘蒂絲，我叫範妮。五分鐘前，有位年輕漂亮的小姐請求我戴上這朵紅玫瑰，還說要是有人與我相認，就讓我告訴他到對面餐館去找她。」布朗恍然大悟，連忙跑到餐館與真正的裘蒂絲相認。

後來，他們締結良緣，共同度過了相愛的一生。此後幾十年中，以這個故事的結尾為模式的小說、散文、戲劇、電影、電視劇等層出不窮，時有所聞。這個故事的結尾成為最著名的故事結尾之一，它幾乎已經成為「女性考驗戀人」的代名詞。愛情，因為考驗而更加美麗動人。

我曾經經歷過一次別開生面的「考驗」。一位大膽開朗的女性向我頻頻示好，並邀我共進晚餐。晚飯後，我們喝酒、跳舞，慵懶而性感的爵士樂給人蜜糖一樣黏糊糊的感覺，我不自覺與她愈貼愈近，被她身上的氣味深深迷倒。就在我欲醉欲迷之際，她輕聲問我：「你愛我嗎？」除了說「愛」，我還能說什麼?!

忽然，她溫柔地推開了我，輕快地跳開，從隨身帶來的手提袋裡拿出一件輕紗睡衣，回身吻了我一下：「你乖乖地等我喔。」然後她就鑽進浴室。我簡直坐立不安，一口氣喝完杯中的酒，腦袋裡一片空白。

不一會兒，她從浴室出來了，她還穿著整齊的衣裳，不過手裡多了一把牙刷。她說自己忘了帶牙刷，可不可以先用用我的。我反射性地回答「不好吧」，空白的腦子裡浮現出可能殘留在她口腔裡的飯渣和菜屑，猛然有股噁心的感覺。她臉色一變，將牙刷扔給我，抓起手提袋轉身離去。在門口她回頭說了一句：「你果然一點也不愛我。」

一把牙刷毀了蜜糖似的夜晚，卻讓我和她清醒過來，我們之間沒有真正的愛情。我雖然有些失落，卻很欣賞她的聰明。

有些時候，女人的考驗會讓男人心生感激。男人所說的很多話會身不由己，聰明的女人要學會判斷男人話語的真假。當男人想要隱瞞事情的時候，會將視線移開，或是發出各種訊息。女人可以採用若無其事的說話方式來觀察他的反應。

「最近好像有一點變了，是不是隱瞞我什麼事啊？」若無其事地問道，觀察他的反應。如果他做出以下的回答，那就可疑囉！

「沒有啊……妳有沒有什麼事？」「妳為什麼這麼問呢？我最近有什麼改變嗎？」「好像我在隱瞞妳什麼似的。沒這回事。是不是妳隱瞞我什麼事？」如果對於這些問題妳說：「沒有啊！」他則會說：「哦！那妳幹嘛問我這些話，不是很奇怪嗎？」接著就會換個話題。雖然不知道他是不是會告訴妳事實，但是如果他回問妳，表示他想隱瞞事實，不想讓妳知道。這個時候，妳就可以根據需要做出是否與其繼續交往的決定。

老男人忠告

一個聰明的現代女性，要想考驗男人，必須看透戀愛中男人喜歡說的七句話。第一句：我不在乎妳的容貌。女人似花，男人像蝶，花愈香則蝶愈盛，花愈豔則蝶愈狂。蝶戀花乃千年不變的真理，男人不在乎女人容貌？那妳有沒有聽說過蝶戀草的？第二句：我什麼都答應妳。戀愛中的女人什麼都敢要，男人什麼諾都敢許。他們忘記了自己不是萬能的上帝。試問一下：上帝創造了人類，創造了萬物，上帝能創造出一塊他自己也搬不動的石頭嗎？第三句：妳是我的唯一。柴門文說：「戀愛之於男人，就像在空蕩蕩的心房掛畫；對於女人，卻像聆聽音樂。」一間房間可以同時懸掛好幾幅畫，卻永遠只能容許一首旋律流淌。第四句：是我錯了。女人總以為男人認錯了，便是自己又贏了，殊不知真愛沒有對錯，男人不希望身旁的女人像老媽一樣，束縛自己的手腳。第五句：我一定改。江山易改，本性難移，費盡心思地改變，不如坦然地活出自己的風采。第六句：我會娶妳的。結婚不是嘴上放放氣的遊戲，是要付諸行動的，說的次數愈多，娶妳的機率愈小，基本成反比。第七句：愛妳一萬年。烏龜也難說活到一萬年，何況誰也不是烏龜。

4、六種心理釣不到金龜婿

朋友聚會，人很多，有位女性朋友非常活躍。她一手挽著男友的手，一手與周圍的女士不停地打招呼，並向她們投以驕傲的眼神。她的男友高大英俊，衣著時尚，引起很多女人注目議論。

忽然，那位女士看到身邊一位女人的圍巾，上前與她攀談。當她聽說圍巾的價格時，立即大驚小怪地叫道：「哎喲，妳這圍巾可買貴了，我在英國的時候，男友送給我一條正宗的蘇格蘭圍巾，才十英鎊。」我有些納悶，心想認識她多年，從沒聽說她去英國居住過，怎麼會冒出「我在英國時」這樣的說法呢？

正在困惑間，又聽那位女士說：「法國的品牌太貴了，我在英國的時候，買一個BY的包才一百一十英鎊。」看來，她是真的在英國生活過了，不然怎麼一口一句「我在英國時」呢！這時，一位男士朋友看出我的不解，走過來輕輕地說：「你也許忘了，她還說過『這裡哪有讀書的氛圍，英國劍橋裡那才叫有讀書氣氛，我在那裡的時候感覺空氣中都透著那文化的氣息。』……」

我恍然，那位女士極愛虛榮，總喜歡在人前人後誇耀自己，聽她的口氣，你會以為她肯定是英籍華人，要不怎麼滿口滿口的「我在英國時」，可是事實上她和英國的關係也就是春節時參加了個「八日遊英國」的旅行團，其中還有兩天在飛機上。更為可笑的是，她不僅喜歡與人攀比東西，還喜歡與人攀比男友，在這種虛榮心促使下，她的男友頻繁更換，讓人目不暇接。

那次聚會後，她很快結識另一位男人，不顧對方已有女友的事實，與之偷偷約會。直到有一天，她遇到了對方的正牌女友後，才感到一種難以名狀的失落感。

在感情上的攀比，會讓人猶如從高處墜下般摔得遍體鱗傷。人無完人，不是每個男人都是騎著白馬的王子。龍生九種，種種不同，人的外貌、性格、才能各異，才使得這個世界豐富多彩。弱水三千，只取一瓢飲，大可不必為了一位依偎在高大英俊男人身旁的女人向你投來勝利的眼神而自卑。能夠享受到人有我有的滿足，在看到別人優點的時候不要忘了自己的長處。

像那位女友一樣，後來心情不好，暴飲暴食，引發全方位潰敗感，十分無謂。說到底，這不過是女人內心的「買菜心理」作怪罷了，明明放在這裡賣的都是好菜，白菜有白菜的風味，蘿蔔有蘿蔔的口感，可是女人卻偏偏要左挑右選，最後組成一把自己認為最好的菜，「滿意」而歸。本可拿起走人的事，非要將其複雜化。

生活中，除了攀比心理驅使下的戀愛無疾而終外，還有很多情況下的戀愛是不可取的。

1．雙方的愛不成比例。男人在乎妳太多，覺得妳們很合適，可是妳好像不以為然。這表示什麼？「兩人若不同心，豈能同行呢？」健全的愛情是相互的，雙方都在付出，都會有所收穫。可是如果他總是付出而得不到回報，長此以往，他會對愛產生飢渴，他會感到憤怒、受騙、痛苦。

2．愛的是男人的潛力。如果妳愛的是男人未來可能的樣子，那他根本不是妳的伴侶，而是妳改造的對象。如果對方五十年內都不會改變，妳會滿意嗎？兩人交往以愛和尊重對方為基礎，以快樂為根本，妳可以期望他繼續成長，但妳必須滿意他現在的樣子。

3．把男人當作崇拜的對象。年輕的女明星愛上導演、大學生愛上教授、秘書愛上老闆等，愛上所崇拜的對象，這種感情時常發生，但卻很難維持正常，因為兩人之間無法平等對待。雙方必須平等對待，這不是指地位，而是態度。愛上所崇拜的對象後，妳通常自信心低落，覺得自己很糟糕。

4．只是被男人的外表吸引。如果妳發現自己被對方的某個特質深深吸引，就要問自己，若對方沒有那雙藍色的大眼睛、磁性的聲音，若對方不是模特兒、不會打籃球，我還會跟他在一起嗎？

5．為了叛逆才選擇的男人。父母老是跟妳強調，要找個什麼樣的男人，或者對妳耳提面命，偏偏妳很叛逆，總想跟父母作對，這樣做出的選擇註定不成熟，太主觀。沒有結果。

6．所戀男人不是自由身。別和已婚或有女友的人交往，不管是什麼藉口，結果都一樣，妳註定要心碎。別忘了，妳只是接受了另一個人用剩的部分。這是選擇終身伴侶的第一個前提。

選擇權在妳手上，責任在妳身上，要選對人，才有可能開始一段美妙的愛情，甚至婚姻。如果妳交往的男友是上面談到的六種感情之一，別浪費時間，趕緊離開，還有更好的男人在等妳。

老男人忠告

不要抱怨有腦子的男人沒氣質，有氣質的男人沒有知識，有知識的男人沒有錢，有錢的男人沒情調，有情調的男人太花心，因為一個又有腦子又有氣質又有知識又有錢又有情調還不花心的男人——根本不存在。

5、愛情不是繩子

《東京愛情故事》中有一幕鏡頭讓人難以忘記：完治對莉香說：讓我來背負妳的未來，太沉重了。莉香傷心之至，一個巴掌打過去。由於太愛完治，拼命想把他留在身邊，結果只能逼其遠走他鄉，不帶走一片雲彩。

說實在的，愛情是個危險的東西，因為世界上沒有比它要承擔更多風險的事了。愛情不會向妳承諾付出就必然有回報，不會肯定給妳一個圓滿而幸福的結局；更不可能在漫長的生活過程中讓妳天天心滿意足，驚喜不斷。從這個意義上說，戀愛不啻於一場冒險。

為了降低冒險程度，很多女人把愛當作藉口，為了留住情人，約束著對方。具有諷刺意味的是，男人很害怕被綁住的感覺，常常無所不用其極地逃避永恆的承諾關係。當他們遇到的女人為他規定了很多界限時，他們的本能反應就是想盡辦法越過那條線。

愛情應該保持怎樣的溫度和距離，雙方才能如沐春風？還是李敖說得好，只愛一點點。如何掌握愛的尺度令人困擾，太冷了是冰山，太熱了又是火山。當初，朋友阿泰和太太戀愛時，由於工作關係需要去國外一段時間。女友很不高興，幾次試圖阻止他。阿泰向我訴說此事，希望我給他出主意。我把他們帶到教堂，聽一位牧師朋友講述天使的故事：

一位女孩幸運地遇到了天使，兩者深深相愛。他們在山上建造了愛的小屋，過著美好的日子。天使很忙，每天飛來飛去，只要有空就來陪伴女孩。可是有一天天使忽然對女孩說：「如果有一天妳不再愛我了，我會離開妳。因為沒有愛的日子，我活不下去。那時候，我會飛到另一位女孩的身邊。」

女孩看著天使，堅定地說：「我永遠愛你！」

日子依然幸福，如流水般逝去。可是女孩莫名其妙地經常想起天使的那句話，這讓她煩躁不安。女孩覺得天使說不定哪天就會飛走，就會離開自己，飛到別的女孩身邊。每每念及此，她都特別憂心。終於，她想出一個主意，這天晚上，趁著天使熟睡時，女孩將天使的翅膀藏了起來。她想，沒有了翅膀，天使就不會飛了，就不會離開自己，飛到別的女孩身邊了。

第二天天亮後，天使發現自己的翅膀不見了，他責問女孩：「是不是妳拿走了我的翅膀？把翅膀還給我！」

女孩委屈地看著天使，辯解道：「我沒有拿你的翅膀，我愛你，真的，我不想失去你！請你相信我！」

天使說：「不，妳騙人，妳說謊，妳不愛我，妳不愛我了！為什麼要這樣？」

女孩眼看著天使從櫃子裡找出翅膀，戴在身上，頭也不回地飛走了。她頹然無力地坐在地上，難過地無以復加。

阿泰的女友明白了，她說，我不會剝奪他自由飛翔的權利。阿泰很高興，故意央求牧師朋友說，既然女孩瞭解了錯誤，是不是該給她一個美好的結局。牧師朋友說，是啊，後來那位女孩天天坐在山頭的風口處懺悔，祈求天使回來，天使被感動了，又回到女孩身邊。

走出教堂，阿泰和女友熱切地討論著去國外的事，他悄悄對我說：「忽然間，我覺得她比以前更有魅力了。」不久，他回國後兩人就走進了教堂，舉行了隆重的婚禮。

愛情的生命力是有限的，要讓愛情壽命長一點，就要保持一個適當的距離。對方永遠只是一部分。三毛曾經說，我的心有很多房間，荷西也只是進來坐一坐。

鄧麗君有首歌《我只在乎你》，這首歌不要隨便對男人唱，就算他起先很感動，漸漸的也會覺得壓抑，說不定還會苦口婆心勸妳說我有什麼好的，不值得妳這樣。只愛一點點，像觀音菩薩的楊枝甘露那樣，一點點就夠了，一多就氾濫了。

去問問男人薛寶釵和林黛玉他們會選哪一個？男人沒有精力來向妳交代身邊的女人都只是純潔友誼，妳也不要太計較他的過去，幹嘛非要把他的陳年往事都翻出來？誰的過去都不可能是一張白紙，妳也沒必要把妳的往事都向他坦白。

太愛一個人就會想要天長地久，這時候就渴望起世俗婚姻了，於是一個勁在男友面前提婚紗啊買房啊，把結婚的渴望明明白白的掛在臉上。如果對方想結婚不用妳暗示也會去買戒指，反之妳的渴望會嚇跑他。即便有了肌膚之親，女人也千萬不要擺出一副非你莫嫁的樣子，性是雙方共同的感受，是感情的昇華。

這樣看來，其實，愛情是一個磁場，而不是一根繩子，捆住他，不如吸引他。一根繩子會讓男人有掙脫的欲望，而一個磁場卻能給男人自由的假象，和永恆的誘惑。磁場是創造出來的，既然是創造，那麼妳也要承擔一半的責任和義務。根據磁力消長的規律，一方愈是獨立自主，對方愈是離不開她。讓彼此保持相對自由的空間，對你們的關係反而更有益。

老男人忠告

如果妳想讓妳的愛情永遠能夠保持年輕而美麗，就一定不要選擇每一天都要見妳的情人的面，更不會一天到晚都跟他膩在一起——雖然妳真恨不得這樣。不管做什麼事情，一個人的熱情總是有限的，他的熱情或許要比別的人多一點，但是總有消耗殆盡的那一天。俗話說：細水長流，慢慢地獲取他的溫情總會比一下子就迫不及待地耗費完熱情要好得多。

6、失戀，是一劑疫苗

戀愛像體操，需要不間斷地練習才能技藝高超。像愛迪生最終找到鎢絲來做燈絲，而之前歷經無數次失敗的試驗一樣，在找到那個陪自己度過一生的男人之前，女人註定有很多失敗的戀愛要談。十之八九的戀愛以分手告終，要以平常心看待歡聚與別離。投入的時候可以忘我，結果出現時該讓理性站出來，不論這種結果是婚姻的開始還是愛情的結束，這樣才能把握愛情的主動權，不在感情中迷失。所謂「該放手時就放手」。

阿蕾是我的朋友，她是位藝人，她的每一次愛情的感覺，都是從電話中開始，在電話裡消亡。她說大概女人真是用聽覺來談戀愛的。她喜歡和男友聊電話，就如同《電話訴衷腸》中吟唱出的那浪漫而又溫情的感覺，可以讓人藏匿起不願袒露的拘束和慌張。

她喜歡聊電話，喜歡在電話裡有一搭沒一搭地聊天，特別是在午後和晚上，這時她會無端生出許多情愫來。一個偶然的機會，她結識了一位令他著迷的男人，還沒見面，她就被他的聲音迷惑。她說他的電話裡有著殺死人的柔情。在打電話給他的時候，她每次都會放一些動人的情歌，好像在暗暗告訴他，她在想他。

漸漸地，那位男人不能與她長久地電話聊天了，他有很多工作要忙，不能如此消耗自己的時間。每次男人都會說以後打電話給她，可是電話一直沒有響起。她很痛苦，很受傷，她向我傾訴，男人會不會欺騙她？

說實話，沒有男人喜歡喋喋不休的女人。愛情在大多數男人身上不過是一個插曲，是生活中的很多事物中的一件事，他們很怕把愛情看得超過一切、拿愛情當飯吃的女人。一天只打一通電話，在對方意猶未盡時先掛斷，反而可以保持適度神祕感，女人，最好不要傻傻地以為自己與眾不同。愛情難以抗拒，更無法挽留。上帝製造女人的時候可真是費了心思，最後智慧地選擇了用男人的肋骨。肋骨，在男人的腋下，是讓男人用肩臂來保護女人；肋骨，在男人的心臟部位，是因為女人要用心去愛；肋骨，在男人身體的中上方，是讓女人既不駕馭於男人，也不要低就於男人。當妳開始苦苦地等他電話的時候，就不要奢望永久被人呵護的感受了。

看著傷心的她，我只有告訴她，吉星高照的人也有，九十多歲慶祝結婚八十週年的老人會登上報紙，可是如今這個時代，三十歲還沒有經歷過幾次失戀的女人同樣稀有。一場失戀的情感免疫力非常強大，多一次失戀，就會多一項抵抗力。這樣算來，失戀不可怕，還很有用。

她果然失戀了，動不動就嚎啕大哭，走著也會突然嘔吐不止，她不明白受傷的怎麼總是自己。我忽然想到，從生理上來說，雌性動物本來有著選擇優秀雄性，以繁衍出較好後代的本能「嗅覺」，可是現代人類發展到今天，已經進入只知書本技能，而失去很多本能的階段。那麼，如何選擇優秀的男性，恐怕只能依靠一次次失敗逐漸肯定自己的需要、明白自己的心理承受底線。這也許就是人類愛情總是伴隨著失戀的原因吧！

恰好我要到內地投資，為了勸慰她，決定帶她一起去「療傷」——離開昔日環境，心情也許會有所改變。在大陸鄱陽湖，我們認識了一種野生植物——藜蒿。藜蒿是野生植物，它漂滿了水面，農民用釘耙和鐮刀在水面上收割，一朵一朵地裝，然後拉回家剁成豬食。它被視若草芥，胡亂被裝在汽車上，掉了一路也沒人管。

沒想到，到了南昌，我們品嚐到一道特色菜——藜蒿炒臘肉，正是用鄱陽湖的藜蒿與臘肉組合而成。小至排檔、大至星級飯店，處處必備這道菜，江湖上甚至流傳一句話——鄱陽湖的草，南昌人的寶。本來不起眼的草，到了這裡卻成為寶貝。

品嚐著美味的藜蒿炒臘肉，我靈機一動，感嘆道，早就聽人說過一句話，一個人的蜜糖是另一個人的毒藥，果真不假。世上的男男女女，每個人都是一株藜蒿，錯看它的人，只能把它當作草。可是它卻有機會成為別人的寶物，離開傷心地，到別處去，這個世上總有人和它對上口味。

女友恍然大悟，她忽然說了一句，「沒有愛情，人一樣可以活下去。」

其實，幸福的狀態是需要對照的，沒有做草的感觸，也就體會不到成為特色菜的感覺。一個女人，沒有經歷過錐心的失戀之痛，怎麼能真正理解愛情的歡快愉悅？分離體現相守的可貴，一段感情，不管它有多荒謬、多悲慘、多坎坷或是多無趣，往往愈是錯得離譜、錯得莫名其妙的戀情，對於下一個回合的戀愛，會愈是豐饒富裕的養分。

有個故事說，一個失戀的女人在公園裡哭泣，遇到了一個哲學家，聽了她的遭遇之後，哲學家哈哈大笑，說：「妳真笨！」失戀的人聽了很生氣地說：「我都已經這麼難過了，你還罵我。」哲學家回答：「傻瓜，該痛苦的人是他，因為妳不過失去了一個不愛妳的人，而他卻失去了一個愛他的人。」

女友後來完全走出失戀的陰影，她自言覺得不那麼痛了，甚至再也不用對著「某人」發呆，彷彿把所有的不開心嘔了出來、掏空般，可以迎接新生活了。在她的新歌發表會上，她像一個女強人一般告訴記者：「對所有那些和我一樣失戀的朋友們，我還是要給她們正面的資訊，我現在的座右銘就是『快樂地做回自己』。」

女人不管經歷什麼樣的傷痛，都要找回自己。

老男人忠告

天涯何處無芳草。舊的不去新的不來，不把舊的換了，怎麼展望新時代呢？對男人來說，他們很容易在確定對方是否適合自己後，不再浪費時間和妳糾纏不清，而是快速退出，繼續在愛情路上尋覓佳人。不幸的是，絕大多數女人做不到這一點，她明明看出了彼此的不合適，卻還是鑽牛角尖，一味想改造對方，或者抱有幻想。結果曲散人難圓，傷人又害己。

7、他不是前世埋葬妳的人

早就有人說過，為了失戀而耽誤前程是一生的損失，可是生活中仍有很多這樣的女人。出於種種原因，她們往往把愛情當作生活的全部，她們覺得有了完美的愛情，也就預示著一生幸福，而沒有完美的感情，生活就值得大家「捏把汗」。正是在這種心理作用下，讓女人們賦予了愛情太多太高的幻想和憧憬。一旦愛情破滅或受到威脅，她們就會做出過激的行動，甚至拿生命開玩笑。

她愛上了一位喜歡寫作的男人，幫助他寫作，還給他經濟上的援助。後來男人成名成功，身邊圍滿了各色女人，兩人的關係最終走向陌路。

她很傷心，也很氣憤，幾次打算自殺。那天晚上，我們在酒吧相識，她明顯喝多了，毫無顧忌地講了她的故事，還紅著眼睛說，男人沒有一個好東西，我要報復他。

報復是愚蠢的行為，我簡潔明瞭地說，活得比他幸福才是最好的方法。她很震驚地看著我，似乎等我說下去。我握著酒杯的手微微一顫，繼續道，妳聽說過一個故事嗎？有位書生和未婚妻約好在某年某月某日結婚。到那一天，未婚妻卻嫁給了別人。書生受此打擊，一病不起。這時路過一遊方僧人，從懷裡摸出一面鏡子叫書生看……書生看到茫茫大海，一名遇害的女子一絲不掛地躺在海灘上。路過一人，看一眼，搖搖頭，走了。又路過一人，將衣服脫下，給女屍蓋上，走了。再路過一人，過去，挖個坑，小心翼翼把屍體掩埋了。僧人解釋道，那具海灘上的女屍，就是你未婚妻的前世。你是第二個路過的人，曾給過她一件衣服，她今生和你相戀，只為還你一個情。但是她最終要報答一生一世的人，是最後那個把她掩埋的人，那人就是她現在的丈夫。書生大悟。

她有些醒悟，含糊地說，原來他不是前世埋葬我的人，所以不會做我的老公。

愛情隨著時間而變化，什麼情況都有可能出現，如果一個女人承受能力太差，連一點的抗拒愛情變質的能力都沒有，那麼她是不適合婚姻的。這樣的女人最好趕緊去彌補，提升心理能力。這件事後，我們成了朋友，看著她一天天振奮起來，很為她高興。感情的事基本上沒有誰對誰錯，他要離開妳，總是妳有什麼地方不能令他滿足，回頭想想過去在一起的日子，只要是快樂的，就足夠了。所以，女人戀愛時要給自己一定的心理彈性，既能享受愛情的親密，又能接受情人的疏離。鬆緊把握好了，擁有的時候要珍惜，失去的時候要趕緊轉彎。

有人講過一個愛情寓言：一只杯子感到寂寞，請主人給它倒滿水。主人滿足了它的願望，倒了滿滿一杯開水。杯子很熱，感到自己快被融化了，它想，這就是愛情的力量吧！漸漸地，水溫下降，杯子覺得很舒服，杯子想，這就是生活的感覺吧！後來，水涼下來，杯子害怕了，它想，這就是失去的滋味吧！它請求主人：「把水倒出去，我不需要了。」可是無人理它。杯子感到水愈來愈涼，涼得壓抑、難受，它非常難過。為了擺脫涼水，它奮力搖晃，搖出了其中的水，也把自己晃到地上，摔得粉碎。

現實社會中，像杯子、像那位女子一樣為了愛情不惜生命的大有人在。珍視愛情，珍視貞操，都是非常貴重的品格和情操。可是，要是視貞操高於生命，視愛情重於生命，就是不可取的了。生命最公平，每人只有一次，金錢換不來，愛情無法替代，失去了永遠不回來。

讀書時曾遇到過一位奇女子。她很美麗，她鄭重地立下誓言：這輩子絕不與自己不愛的男人接吻。否則，就把自己的嘴唇割掉。有位男同學一度喜歡上她，有一次，趁她不備，大膽地吻了她的嘴唇。這讓她惶惑又痛苦，她不清楚是不是愛他，也不知道該不該遵守誓言割掉嘴唇。

男同學這才明白她是多麼認真，很後悔自己的魯莽舉止。於是他帶她找到了一位智者，請他裁奪這件事。智者告訴女子：一切取決於她對「愛」的認知和定義。她迷惑：「愛的定義是什麼？」智者反問：「在他吻妳時，妳感到開心嗎？」「這……」她猶豫，卻不得不承認，「是，似乎有那麼一絲開心。可是……」「不急，」智者說，「現在我就告訴妳愛的定義是什麼：凡是與妳接吻，能讓妳感到快樂者，就是讓妳產生愛意的人。按照妳的誓言，妳接受情人的吻，不用割掉嘴唇。」她覺得有些不妥，繼續說：「也許我並不是真的開心，只不過不討厭罷了。」智者說：「那沒關係。我們可以重新為愛下定義：凡是與妳接吻，不曾讓妳感到厭惡的人，就是妳對他懷有愛意的人，不是一樣嗎？」她依然猶豫：「要是在接吻後我後悔了呢？這算什麼？」「後悔？後悔難道比嘴唇還重要嗎？」智者反問。「我明白了，」她終於釋然，對智者說，「謝謝您保住了我的嘴唇。」她高興地走了。

男同學對我說，他很高興這件事有了圓滿結果，不然，女子果真割了嘴唇，他豈不是一輩子不能心安？後來聽說又有一個男子追求那位女子，女子非常討厭男子。然而不幸的事發生了，這位男子強行吻了她。她很憤怒，狠狠地甩了那壞小子一個巴掌。事後，她什麼也沒做。我為女子高興，她不再為自己的嘴唇擔憂，她已經從智者那裡學到了足夠的戀愛智慧。

老男人忠告

「就是全世界的人都不愛妳了，妳也得愛妳自己。」換句話說，如果妳自己都不愛自己，誰又能來愛妳呢？愛情是任何東西都證明不了的，這包括生命在內。妳輕視生命，連被愛的資格都沒有了，還有什麼資格去要求別人愛妳呢？許多輕生之後得到康復的女人大多會反問自己：「我為什麼那麼傻呢？」後悔不晚，這是妳成長的起點。從今以後把握一個原則，生活是自己的，不要依附任何人。自信的女人最吸引男人的目光，輕視生命的女人最讓男人害怕。誰敢要這樣的女人？

8、不要懷疑愛情

很多女人都在說：「現在的離婚率那麼高，我都不敢談戀愛了。」她們還說「你們男人怎麼樣怎麼樣」，一副大徹大悟的模樣，一副不相信男人的神態。她們說得理所當然，甚至理直氣壯，她們不相信愛情，也對自己的另一半憂心忡忡，她們卻不去想想，這讓男人們無所適從，又深懷反感，男人最直接的反應就是：「既然妳看穿了男人，看穿了愛情，就離我們遠點吧！」

18年前，我最好的朋友小B喜歡上了一個女孩子。女孩的父母離異，和妹妹跟著母親生活。日子像流水一樣滑過，她到了戀愛的年紀，不少男孩子向她表達愛意，她選擇了其中一個。然而，兩人戀愛不到半年，男孩子離她而去。這給她強烈的打擊，她失去了戀愛的信心。所以當小B出現在她面前時，儘管她一眼就被他吸引，但她卻一直很遲疑，不敢主動。

有一天，小B邀請她一起逛街，她答應了。路上，小B看到有賣鳳梨的攤販，想買給她。她拒絕了，十八年前，父親離開她之前，為她買了個鳳梨，並親手餵她吃下。這則傷心的場景揮之不去，從此她再也不吃鳳梨。

不久，她病了，發著高燒。小B知道後，將她送到醫院，日夜守護著她。昏迷中，她對他講了鳳梨的故事。小B明白了，他暗下決心，一定要掃除她心中的陰影。他對她說，愛情是一種神奇的力量，會使人從哪裡摔倒就從哪裡爬起來，除非摔得感情殘廢了。這是一個信任和自信的問題。好比說，妳會因為打開報紙發現每天都有車禍，就不敢出門嗎？妳會說，當然不會，那叫因噎廢食。同樣的問題放到愛情上，妳卻做出了因噎廢食的決定。

這次交談後，他們依舊似有若無地交往著，她很不放心，對他說：「我不願跟你交往了，分手吧！」他瞭解她的心情，知道她心存畏懼，害怕交往下去日久生厭，害怕像父母一樣，害怕像上次戀愛一樣，無疾而終。於是他不再說什麼，默默地帶著她去吃飯。

她心中酸楚，一直在想自己不適合婚姻。結果，吃飯時她喝醉了，絮叨著：「什麼天長地久？我見多了聚散離合，愛情是不可信任的，你我不過是彼此的過客。」從此，她從他的視線中消失，懷疑，讓她再一次做了愛情的受傷者。

對待愛情正確的態度是相信它，但不迷信它。愛情的消失並不意味著失去生命的全部，因此，不要輕易受傷絕望。那些受到愛情傷害，對愛情產生懷疑的女人，不要以為愛情一去不返，自己失去魅力或者男人全是騙子。這裡，我告訴妳六個博得男人好感的方法：

1．若有好感，不要吝嗇妳的笑容。笑是女人向男人發出的第一張邀請函。親切的、發自內心的笑，對男人是一種鼓勵、認同和肯定，是一種默許，它會讓對方對妳好感倍增。

2．大方稱呼他的名字。如果妳能記住他的名字，並在第二次與他見面時大大方方地叫出來，一定能夠大大滿足男人的自尊心，效果將出乎妳意料。

3．偶爾嬌嗔。既然是女人，就要用好女人天生的武器。何必去和男人沒完沒了地解釋論理，發發嬌嗔、扮扮天真，更容易熄滅對方心頭的怒火。

4．一點點的孩子氣。失戀的女人滄桑夠多了，適時表現一下女人味與孩子氣，會增加對男人的吸引力。

5．不要輕易用電話打擾他。喜歡一個男人總有些憋不住內心的激動，但動不動就打電話聯絡感情，這種自以為很自然的事情，卻很容易打擾他。

6．為男人留下空間。一個男人在精神上永遠需要一位親密的伴侶，尤其是經歷過許多的男人，他們看破紅塵，只求一位在精神上給予他安慰的女人。為他營造一個精神空間，他將永遠屬於妳。

老男人忠告

天長地久的真正愛情是存在的，但它不會超越一切，它可能隨時間的變化而變化。相信愛情，但不迷信它，這才是正確的選擇。愛情是超越成敗的。愛情是人生最美麗的夢，你能說你做了一個成功的夢或失敗的夢嗎？無論我們的愛情是什麼狀況，用這句話來鼓勵和安慰自己都不失為聰明之舉。

2 婚後，男人是另一種動物

婚前，男人的好處很多：看電影幫著買票，坐車為女人開門，上館子為女人點菜，還會寫情書為女人解悶，表演著一幕幕「此情不渝」的連續劇，讓女人觀賞。婚後，事情發生了驚天逆變，他看太太總是心不在焉；他說：「那天在館子裡吃的那道菜好吃極了，哪天妳也燒來嚐嚐。」於是女人不得不看遍幾百個食譜，才找到這道菜。當然，這個過程中她也就學會燒各樣菜。男人還會鍛鍊女人的能力，他會說：「怎麼連路妳也不會認？怎麼連插頭也不會修？怎麼連……」

因此，女人對男人產生了錯覺：男人無法取悅。從女人的角度來看，男人好像期望女人無所不能。他希望她別多話，但要有趣；要溫婉甜美，但又要有男人的幹練；要照顧家裡和孩子，還要能外出賺錢。女人可以列出一串不平等待遇，她們覺得無法做到男人的每項要求。男人真的如此難以應付嗎？他們心中的幸福婚姻究竟是怎樣的？他希望女人怎麼做，怎麼創造一段美滿姻緣呢？

那天，朋友對我講了一件事。他和太太一起收看《非常男女》節目，那一集討論的話題是，如何適應婚後生活以及如何與婆婆相處。一位高學歷、長相十分靚麗的女嘉賓對這一問題侃侃而談，她詳細地論述了她與未來婆婆相處的方法與技巧，分析得細緻精到，表達得有條有理，博得了在場觀眾及男女主持人的一致讚賞，大家紛紛誇她細緻周全、善解人意。身旁的太太很欣賞她的一番話語，積極猜想道：「她一定是那些男嘉賓的追逐對象。」

誰料一見鍾情、二見鍾情、三見鍾情的派對之後，沒有一個男嘉賓選中她。他的太太納悶了，說：「這些男人真是看走了眼，這麼好的女人竟沒人要。」朋友不客氣地說：「這樣的女人只適合當經理，不適合做老婆，她的思維太清晰、太縝密、太有條理，她太仔細、太會分析，娶了這樣的女人肯定是一個天天給你講道理又善於為自己辯解的人，是一個男人稍有過失就想出100種辦法對付你的人。男人害怕自己無力招架。」

我對朋友的話深有同感，他道出了眾多男人的心聲。在婚姻的觀念上男人和女人不一樣，他們是不同於女人的另一群人，他們有自己的價值取向和標準，與女人所想大相徑庭。

有一種說法是，上帝把世界交給了男人，把家庭交給了女人。所以男人馳騁天下，女人經營婚姻。婚姻佔據著女人生命中的大部分時間，婚姻牽扯著女人太多的精力，它是女人生活的主要內容，也是決定女人命運最為關鍵的因素。所有的女人都渴望美滿的婚姻，並希望為之上一把鎖，守住婚姻，握住命運的紅線。這裡我就告訴妳，嫁得好不如經營得好。妳要瞭解男人，知道他與妳不同，妳們在婚姻中扮演著不同的角色，才能精心呵護婚姻，用心經營人生，不讓細節毀了妳的婚姻。

1、善「騙」的男人

在美國女法學家、最高法院法官露絲・巴德・金斯伯格婚禮的早晨，她未來的婆婆將一副蠟製的耳塞放在她手裡說：「我要給妳幾句忠告：在美滿婚姻中，有時裝聾作啞是大有好處的。」走進婚姻，女人忽然發現婚姻不是風花雪月，而是被處理帳單、撫養孩子、應付婆媳關係及其他各種瑣事纏繞。她常常感到無所適從，甚至深感後悔。

現代人追求的是生活品質，人對物質生活的美好憧憬是無止境的，但如果讓女人在物質享受和琴瑟和諧的婚姻二者之中選擇其一，可以說大多數女性會毫不猶豫地選擇後者，女人走進了婚姻，就把自己一生全部的希望交給了她所信任的男人。

在家庭生活中，我們經常能看到或聽到這樣的事，一個家庭中男主人在事業上未必多麼出色，在家裡又屬於那種倒了油瓶不扶的懶人，怎麼看怎麼不討人喜歡。可是，偏偏這個家庭卻其樂融融，女主人心甘情願地為家人付出。原因是什麼呢？很簡單，在於男人的「會來事」，會討妻子的歡心。換個說法就是男人會「騙」，騙得自己的老婆團團轉，騙來一個幸福美滿的婚姻。「騙」是男人慣用的伎倆，問題在於，這樣的「騙」做太太的明明知道，卻故意不點破，她懂得裝聾作啞。

在我和太太婚後的第二天，我收到了從前戀人的來信，她不知道我已結婚，打算與我再續前緣。這件事我從沒有對太太提起過，我不知道如何處理，為此我借酒澆愁，喝得酩酊大醉。幾天後的情人節，從前的戀人登門了，這讓我十分尷尬。可是太太似乎胸有成竹，熱情地接待了她，準備豐盛的午餐款待她。午飯後，太太又藉口上班離開家，讓我和她單獨相處，好好談談。

從前的戀人明白了一切，感慨地說：「你有一個多好的太太！」從此再也沒有與我聯繫過。我為太太的舉動深感佩服，我們的婚姻關係得以昇華。有時候會想，要是太太當時揭穿這件事，或者追究不放，我們的婚姻還能走下去嗎？

我知道了善意「騙」的好處，把它做為家庭生活中的調和劑，取得了很好的效果。太太是理家高手，但我知道她像所有女人一樣，愛幻想，既希望我在人前人後做得出色，給她面子，又要在家裡對她體貼恩愛，對孩子們關心呵護。於是很多時候，我會送給她愛聽的「話語」。有一次，太太正在廚房裡忙碌，我看在眼裡，很清楚自己幫不上她什麼忙，也明白她對我根本就不要求什麼，可是我還是送去一句句暖心的話，一個個會意的眼神。類似的小花絮可以舉出很多很多，這讓太太感到很欣慰，即便再苦再累，也總是一副心滿意足的樣子。她曾經悄悄對自己的好友說：「我強烈地感到自己被老公、被孩子所需要，是整個家庭的支柱。」

家庭無非就是因為有這些不起眼的小花絮、小樂趣才為人所依戀。可是有些女人害怕男人欺騙自己，喜歡追根究底，善於「揭穿」謊言，她們不知道多數男人說謊的目的，那是因為真話會傷人。比如說，妳要老公為妳的身材打分，按照1到10的標準，老公直言不諱地給妳打6分，妳會有深深的失敗感。這就是讓人難以接受的真話的最大害處。要是妳當別人的面揭穿自己男人的謊言，等於自打耳光。

俗話說，開門七件事。件件都是小事，但每一件小事也可能演變成大事，可能是戰事的導火線，也是所有歡樂的緣起。歡樂是人為的，它就在妳的身邊，如果妳想使自己的家庭時刻充滿笑聲，不妨接受老公的「騙」。不要對男人逼供，每個人都可以有自己的祕密，他不想說的就讓他沉默吧！有些事情說出來，只會讓大家都很受傷。

老男人忠告

當妳認為丈夫有什麼祕密，妳又無法克制自己的好奇心的時候，就輕輕告誡自己，知道得愈多往往會失去得更多，也許就在妳努力去探究以便滿足好奇心的時候，妳挖下了給自己的陷阱，很多時候的結果都是萬劫不復。男人有時候會處於一種尷尬的境地，善解人意的女人會把妳從這境地中解脫出來，恢復正常的心理和信心，而不是譴責和怪罪。

2、少一句嘮叨和抱怨

美國作家米勒告誡女人們：成功的婚姻與普通的婚姻之間的區別，即是一天中有三、四件事情不說。一般的婚姻情況是，女人說話的時間是男人的幾倍。她們對著丈夫滔滔不絕，無所不談，恨不能一刻不停。可憐的男人不但要聽，還不能說話，以免打斷女人的話題。這種局面久了，再愛妳的男人也會厭倦。

太太曾經犯過這類毛病，她總是在我開車時嘮叨不止，從女兒上學到時裝流行，從油價上漲到紅燈行綠燈停，從李家汽車的牌號到張家孩子學車遇到了哪些麻煩。這讓我無法忍受，終於有一天，我學到了一個辦法。她正在廚房炒菜，我來到她身邊，一直嘮叨不停地說著：慢些。小心！火太大了。趕快把魚翻過來。快鏟起來。油放太多了！把豆腐整平一下！

「哎呀，」妻子終於受不了了，脫口而出，「我懂得怎樣炒菜。」

「妳當然懂，太太，」我平靜地答道：「我只是要讓妳知道，我在開車時，妳在旁邊喋喋不休，我的感覺如何。」

一則寓言說，蜘蛛小姐和蝸牛先生戀愛了，蜘蛛小姐來到教堂，找到神父訴說她的苦惱：「我要結婚了，大家都知道，他是位誠實的先生，可是周圍有太多的壓力和質疑，我該怎麼辦？」

神父思索了一下，說：「孩子，事已至此，我只能給妳幾個建議了。

一，不要埋怨房子太小，心裡寬敞，自然舒服。

二，記住他每天下班後總有遲歸的理由。

三，最好放棄為他編織一件毛衣的打算。

四，晚餐後去散步，或許不是一個好主意。

五，如果他來自法國，那，請隨時做好他有一天不再回來的準備。」

蜘蛛小姐接受了忠告，坦然離開了。

一些女人在婚姻上的失敗，並非是找錯了對象，而是從一開始就沒弄明白，在選擇愛情的同時，也就選擇了一種生活方式。就是這種生活方式，決定著婚姻的和諧。許多女人都心存幻想，她們不停地嘮叨、抱怨、提出各種要求，認為這樣可以改造老公，教育老公。可是別忘了蔡瀾先生的那句話：千萬別幻想妳可以改換男性的個性，妳只能更換的，是他在做嬰兒時的尿布。

英國大政治家狄斯瑞利的婚姻故事歷來為人稱道。他三十五歲時，向一位年長自己十五歲的寡婦瑪麗安求婚。這不是愛情，他只是看中了寡婦的金錢。已年過半百的瑪麗安明白他的心思，但還是與他結婚了。利用婚姻進行交易歷來都不新鮮，可是，出乎所有人意料的是，這樁婚姻竟然被人稱頌為最美滿的婚姻之一。

瑪麗安既不年輕，也不漂亮，學識淺薄，衣著古怪，不懂家事，經常說錯話，她似乎具備了女人所有的缺點，可是有一樣她卻是天才，她懂得如何呵護自己的婚姻。她從不讓自己所想到的與丈夫的意見相反，每當狄斯瑞利與那些反應敏銳的人物交談之後，筋疲力盡地回到家時，她會給他一個安靜的休息。沒有盤問，沒有嘮叨，只有相敬如賓的氣氛，和靜靜休息的地方。每當狄斯瑞利從眾議院匆匆回來，跟她述說白天所看的、所聽到的新聞時，她會微笑著傾聽，並對他的想法或建議表示完全的支持。她支持自己的丈夫，凡是他努力的事，她絕不相信會失敗。他們兩人共同度過了30年歲月，狄斯瑞利把瑪麗安看作心中的英雄，陳請女皇封授瑪麗安為貴族。

要想留住老公，必須停止嘮叨和抱怨，換作耐心的傾聽。男人需要傾訴的話語也不少，如何讓他們在妳面前說話，如何保持他傾訴的欲望，才是女人呵護婚姻的良方。

有位社會學博士打算寫篇關於婚姻和愛情的論文，他聯繫了我和太太，請教有關問題。太太告訴他：「婚姻如琉璃。」博士驚奇地問：「琉璃？難道你們的婚姻那麼純淨，一生都沒有發生過爭執？」太太笑著說：「不是，年輕時我和所有女人一樣，因為看不慣對方的一些習慣，因為生活與自己的想像有出入，所以不停地嘮叨和抱怨。為了小事吵，為了大事更吵。等到慢慢變老，我才發現，改變一個人是多麼難！男人有男人的個性和生活，我放棄了抱怨，選擇了適應和傾聽。漸漸地，爭吵少了，理解多了，彼此愈來愈和諧，最後達到你心中有我我心中有你的地步，猜忌沒了，虛榮沒了，嫌棄沒了……婚姻愈來愈單純，這不是像琉璃嗎？」

博士恍悟，匆匆離去，望著他的身影，我想但願學院派的論文答辯能夠幫助更多人擺脫婚姻噩夢。

老男人忠告

婚姻的成功，不只是尋找一個適當的男人，而是自己該如何做一個適當的女人。不要輕易地把語言交流的多少與你們之間的親密程度混為一談，不要以為妳不能理解的就是錯誤的。男人和女人是不同的，不要去試圖改變男人，不要想著他會在妳的調教下成為妳理想中優秀的男性，去適應他比改變他來得明智。男人也會脆弱，也會突然的莫名情緒低落。所以，女人不該忽略他們的感受，學會傾聽他們訴說，讓他們活得輕鬆一些。

3、男人最怕什麼

做為女人，妳知道自己的男人最在意什麼嗎？做CEO？不！有人做過一項有趣的調查，被問及這個問題的男人幾乎不約而同地回答：「面子！」男人需要有面子，男人也最怕失去面子。

時時刻刻都能看到捍衛面子的男人，也經常看到喪失顏面後的男人會怎樣？喪失顏面的男人有兩種表現，一是變得瘋狂，二是變得超然物外。無論走到哪個極端，對女人來說都很不幸。

多年前的一個週末，我和太太去朋友家，約他們去郊遊。朋友的妻子很愛挑剔，她看見太太穿著一身新裝，立即衝著老公叫起來：「跟你這麼多年了，連件像樣的衣服都沒有，你看人家，天天都有新衣服穿！還有隔壁的吳太太，人家的老公每週給她買一次新衣服，真是讓人羨慕。」

聽著她絮絮叨叨，朋友陰沉著臉，轉過頭來與我閒聊，假裝什麼也沒聽見。

好不容易等她穿戴整齊，我們來到院子裡的車子旁，朋友的妻子眉頭又是一皺：「哎呀，你們又買新車了？你們可真闊氣，瞧瞧我們那輛破車，我看著它就來氣。」她說著回頭瞅一眼丈夫，「真是人比人得死，車比車得扔。」

朋友的臉色更難看了。太太趕緊打圓場：「老公是人，不是東西，怎麼可以隨便拿來比呢？我們還是趕緊走吧！」

坐上車子的瞬間，朋友的妻子又衝著太太說了一句話：「妳聽說了嗎？陳太太家剛買了別墅，邀請我們一起去玩。要我說，我們都是一樣的女人，可是妳看看人家的老公，一個比一個有本事，再看看自己的老公，真是無法活了，我……」

沒等她說完，朋友砰一聲打開車門，頭也不回地走了。

朋友的妻子依然不服氣地叫嚷著：「沒本事就是沒本事，還耍什麼脾氣！」

郊遊不成，我和太太只好趕回家中，路上她嘆著氣說：「見過很多與人攀比老公的女人，沒想到她會這麼不給老公留面子。」我說，要不然世上怎麼會有傻女人呢，她就是其中之一。後來，朋友和妻子最終走上離婚的道路，我們一點也不覺得意外。男人的自尊很可怕，他可以不在乎一切，但受不了最愛的人一句譏諷。

現代男人活得很累，睜開眼便是各種責任和義務，做為太太，不要以為妳告訴了他，他就會按照妳的要求去做．當妳希望得到既定的結果時，一定要為對方的接受程度考慮。對一個男人來說，女人嫌他窮，這是沒齒難忘的羞辱，就像一個女人永遠不能原諒一個說她長得醜的男人一樣，他失去了面子，會記恨妳。

聰明的女人知道內外有別，不管在家裡把老公當電子鍋還是當吸塵器，一旦涉及他的面子時，一定要小心謹慎，就像手捧一件古老、珍貴的瓷器。給他足夠的面子，才能獲得「高額回報」。

朋友開了一家餐廳，生意興隆，我免不了常去光顧。一日飯後，走出老遠才記起忘了東西，急忙返回尋找。這時餐廳打烊，就聽朋友太太正在河東獅吼，情急之下，朋友逃至桌下。遇到這種場面，我真是進退尷尬。沒想到朋友的太太八面玲瓏，急中生智地拍了拍桌子：「我說抬，你要扛，正好來幫手了，下次再用你的神力吧！」朋友順坡下驢，鑽出桌子連聲說：「還是夫人想得周到，想得周到！」一場面子危機輕輕化解。

聰明的女人肯花心思維護自己男人的面子，把兩個人的小氛圍經營得愈發和諧。聽一位女士說，她結婚十年，依然與老公的感情深厚，就像初戀的情人，祕訣竟是給了老公最大的面子。結婚時，她在臥室的牆上有一個字條，上面是她制訂的「家規」：第一條：歷史證明老公永遠正確，一切事情都由他做主；第二條：萬一他不對，仍參照第一條執行。日常生活中，她時時刻刻注意給老公留面子，比如他在刷過牙後總忘記把牙膏蓋蓋上，她就多說幾句「請」，而不是向他頻頻甩出「不要，不准」之類的話，他總是欣然接受，而不會惱羞成怒，心灰意冷。後來，她的老公在感動之餘又為「家規」添了一條：夫人享有總裁決權。

男人愛面子，甚至不敢承認自己也有非常脆弱、需要關懷的時候，聰明的女人知道在他志得意滿時，給予他足夠的欣賞；當他遭遇了不公和挫折時，陪他一起流淚，然後盡快忘卻，舊事不提。

老男人忠告

很多時候，女人並不知道自己已經傷害了男人的自尊，傷及了他的面子。她不知道男人很怕動輒就說「你看看人家」的女人。除非妳死也要嫁給那個「人家」，否則就是自討苦吃。

4、讓男人活得輕鬆點

有人說，女人不是月亮，男人也不是照耀四方的太陽。婚後的男人往往會將重心放於事業、建設家庭上。太多的浪漫已經沒必要了，如果此時女人依然對男人索需無度，事事依賴，長此以往，會令丈夫非常累。聰明的女人要知道，如果愛情是滑鼠，一點就通，那麼婚姻就是鍵盤，有太多的秩序和規則。要是錯誤地將戀愛中的男人搬移到婚姻中，就像是滑鼠代替了鍵盤，有很多不便。婚姻中，大可以將戀愛時男人的山盟海誓打五折，湊合著用一用還行，強求不得。

偏有這樣的女人，總是揪著婚前的山盟海誓不放，總是認為男人對自己關注不夠，對他要求很多。住在我家隔壁的一對年輕夫婦，妻子嬌寵慣了，每次吵架，非要男人主動認錯，還常常拿出戀愛時的山盟海誓威脅男人，說：「你變了，你不愛我了。」每每如此，男人都顯得很無辜，也很無奈。轉眼間，他們的兒子三歲了，那天，一家人興高采烈去公園散步。我看見他們時，他們愉快地與我打招呼。不一會兒，男人忽然接到一通電話，很熱心地說著什麼。估計是位女士打來的，女人很不高興，甩手獨自走了。男人知道她多心，連忙關掉電話，追上去。她反而更來勁了，酸溜溜地說了一句：「不會是情人吧？」

男人有些生氣，轉身坐在涼亭上翻閱一本帶來的書。女人暗暗委屈，悶頭坐了會兒，等待男人前來道歉。可是男人沒動。她受不了了，走過去說：「你陪兒子玩吧，我回家了。」說完頭也不回地走了。其實她不是真心想走，她只是要男人低頭在她耳邊說一聲「對不起」，向她求饒。可是，男人沒有這麼做。

三歲的兒子看見媽媽走了，一邊跑一邊叫媽媽。街上車水馬龍，人聲嘈雜，夫婦倆誰也沒有聽到兒子的叫聲。就聽一聲驚呼，眼看著可愛的兒子被一輛急馳而至的汽車撞倒了。

轉瞬間，曾經的相愛和歡樂隨著兒子而去。親眼目睹了整個事件過程的我，為他們難過了很長時間。不用說，誰也無法承受生命中不可承受的重壓，那對夫婦最後只好分手。

男人是七尺偉丈夫，門內頂著半個天，門外擔著一座山。不要以為他們活得挺瀟灑，其實他們也很無奈。腰包沒有填起來，不只自個兒粗茶淡飯，父母的衣食、兒女的學費、女人追趕時髦的計畫、衣食住行之類人家都有的諸多設備，都是給男人開出的帳單。愈是有人安慰他，他心裡就愈不是滋味。

讓男人活得輕鬆些，不要以為夫妻親密無間，就什麼都得知道，他就只能圍著妳轉。如果妳不想被人當作永遠套在腳上甩不掉的舊拖鞋的話，就要讓他享有一定的私人空間。誰都不希望被人控制，妳不要幻想自己具有控制男人的能力，魔法尚有失效的時候，何況凡俗之人。控制的結果往往是妳心力交瘁，而他依然故我。

許多女人為了抓住老公的心，恨不能天天與他在一起，監視他的一舉一動，生怕出現一點自己不知道的意外。事實卻不盡人意，「監督」促發了老公的叛逆心。英國作家盧卡斯曾經說過一句有趣的話：「人們婚姻的麻煩是源於：每個女人本質上都是一位母親，而每個男人本質上都是一個單身漢。」

男人不希望被人控制，他們渴望自由的空間。而女人，卻總是錯誤地履行著母親的職責，管束著自己的男人。難怪有人感嘆，男人找女人，是找一位伴侶，而不是一位老媽。

有多少女人扮演著老媽的角色而不自知呢？一位待嫁的新娘上婚車前問媽媽，婚後怎麼樣才能抓緊老公的心？媽媽不動聲色地讓女兒抓起一把沙子，並說：「你試著握緊。」女兒使勁地握手，指縫裡漏下很多沙子。她握得愈緊，漏下的沙子愈多。最後，手裡的沙子只剩一點點。我很佩服這位媽媽，她是在告訴女兒，不要指望控制男人，男人有男人的興趣，男人有男人的愛好，男人有男人的朋友，這一些可能與妳都無關，但並不代表他不愛妳。每個人都有自己的社交圈子，給他一點自由，留有一定空間，他感覺不到壓力，就不會輕易離去。

我和太太結婚後，為了發展事業，曾有過幾年分開的時間。那段時間內，做完一天的工作，寫完報告第一件事就是給她打電話。差不多一月才能見面一次，我們幾乎沒有吵架，見了面，話還沒說完呢，哪有吵架的可能。也有好心的朋友「提醒」太太，要多關注我，不要讓我「飛」跑了。太太笑著說，經常聽到對門的一家人為了誰多做了家事、誰睡了懶覺、孩子上學誰去送等等的吵架，真的好怕，倒不如我自己在家省心呢！

愛不是佔有，妳喜歡月亮，不可能把月亮拿下來放在臉盆裡，但月亮的光仍可照進妳的房間。如果妳將老公捆綁在自己身邊，無疑讓他喪失了很多增長見識的機會，喪失了完善自我的能力。

真愛一個人，就要儘量讓他開心，他開心了妳就會開心，那麼雙方就有激情了。女人也許不會承認，男人事實上並非妳想像的那麼不羈，他們還是比較喜歡事情有既定的規則。只不過，他們不希望身旁的女人像老媽一樣就好了。如果男人在愛的過程中沒有被束縛手腳，他會覺得自己的女人很有魅力，很願意和女人一起維護他們的婚姻。

老男人忠告

婚姻不是簡單的一半加一半，而是妳的100%加上他的另一個100%。成熟的婚姻是妳不但要跟他結婚，還要和他的習慣、他的背景結婚。所以，如果妳準備嫁人，最好先問一問自己，要是他50年內不改變，妳會滿意嗎？答案是否定的，那妳還是不結婚為妙。婚前，對對方的某種遺憾和不滿，婚後遲早會以更劇烈的形式爆發。

5、旺夫的鼻子

親朋聚會，不少人都說太太有個旺夫的鼻子。對此，妻子總是笑笑不語，我心裡明白，我的發達與她的鼻子無關，而是她給予了我信任，與我一起面對挫折，共度難關。

1997年，我的公司被其他公司吞併，事業一度陷入危機，我很沮喪，甚至自暴自棄。事業失敗，經濟面臨危機，妻子會怎麼做呢？

她沒有責怪我，反而興奮地叫起來：「你不是一直想回到留學過的地方拜訪老友嗎？現在正是機會啊！」

我一臉苦笑，是機會，可是事業怎麼辦，生活怎麼辦？

妻子取出家裡的存摺說，我們的錢財雖然有數，可是足夠我們生活所需了。這些年忙於事業，你很少有機會放鬆自己，我相信這次外出旅遊，對你的身心都大有好處。

反正也是無事可做，我聽從妻子的建議，一個人踏上去異國的飛機。在異國他鄉，我旅遊了很多地方，拜訪了不少老友，沒想到他們聽了我這些年的奮鬥歷程，竟大力支持我創建一家公司。

就這樣，我的新公司誕生了，這家公司業務良好，時至今日，一直是同行業的佼佼者。

家庭總會遇到麻煩。解決麻煩不單單是男人的事，女人也要伸出自己的肩膀，扛一扛，擔一擔，重擔自己會減輕，麻煩必然更容易解決。所謂逢山開路，遇水架橋，過了橋、上了山，常會有一片新的天地。好女人應該有一個溫柔的胸懷，能讓身心俱疲的男人在妳的溫柔裡如沐春雨。女人溫柔的胸懷是男人暖暖的家。在男人需要理解和幫助的時候，以自己柔弱的肩膀撐起男人疲憊的脊梁。

每個成功的男人背後都有一個堅強的妻子，這句話是送給所有女人的，卻不見得每個女人都能理解，所以就出現了很多失敗的男人，和很多抱怨男人無能的女人。

2000年，我生病住院，認識了一位叫安妮的女醫生。從交談中得知，她的老公資質平平，很愛玩，事業並不起色，偏偏又有著天下男人一樣的不甘心，看到昔日同學有些賺大錢，有些升官之後，整天愁眉苦臉，唉聲嘆氣。這無疑給家庭籠罩上一層陰影，每個人都生活在不快樂之中。

安妮整天憂心忡忡，一副所嫁非人的後悔樣子，見此，我對她說，妳知道你們院長的故事嗎？院長與我是小學同學，年輕時工作一點也不出色，可是自從找了位聰明能幹的太太後，事業竟然節節攀升。一次，院長曾經對我感嘆：「有位和自己一起面對挫折的太太，是我今生最大的幸福。」院長太太則說：「信心能夠喚醒男人無窮的潛能。」每個家庭都會遇到麻煩，解決麻煩不只是男人的事，女人也要伸出自己的雙手，與家人一起面對挫折。

聽了這些話，安妮心有所動，她打消了抱怨的念頭，開始陪伴老公尋找喜愛的事情去做。漸漸地，她發現老公在電腦方面還算有悟性。恰好安妮的一位做網拍的朋友請人幫忙打理生意，安妮就推薦老公去了。別看老公平日不愛說話，卻很擅長與客戶在網路上溝通。他一天到晚忙著拍照、上傳、收款等等的，忙得不亦樂乎，到了深更半夜也不喊累。朋友很高興，對老公讚不絕口。安妮更是藉機誇獎老公，說他肯定能夠成功。

半年後，她的老公開了自己的網拍，專售水晶和玉石製品，收入相當可觀。

再次相見，安妮很感慨，要是當初沒有聽從我的勸告，沒有陪伴老公走過那段灰暗的日子，真不知道自己的家庭會是什麼樣子。做為男人，只要女人相信他，他就一定會給她驚喜。

有對結婚不久的夫婦，老公是個窮小子，為了找份好工作，一年連續跳槽好幾次，都很不順心。妻子看到他如此折騰，沒有抱怨，沒有嫌棄。有一天，她對他說，人生苦短，沒必要非逼著自己做不願意做的事，你先在家裡好好調整一下吧！

他接受妻子的勸告，在家裡一待就是半年。這段時間內，妻子天天上班，每天回家都開開心心的，與老公一起做家事，一起看電視、遊戲，日子過得很快樂。別人家老公失業在家，老婆都把嘴皮子磨破，她怎麼像沒事人似的，還能笑得出來。對此老公百思不得其解。妻子卻說，我這叫用人不疑。既然選定了你，就認定你是最棒的，肯定能讓我過上好日子。

老公沉默好久。妻子用信任和穩健為他助跑，為他加油，他知道自己該做什麼了。

記得作家林清玄做記者時，曾經報導了一個案件。在這個案件裡，他特別提到了小偷作案手法非常細膩，感嘆道：「像心思如此細密、手法那麼靈巧、風格這樣獨特的小偷，又是那麼斯文有氣質，如果不做小偷，做任何一行都會有成就的吧！」這位小偷有幸讀到了這篇文章，並被林清玄的話感動，他第一次發現到自己除了做小偷，還可以做其他正當事。於是，他脫胎換骨，重新做人，成為一位大老闆。

信任和肯定，是一種激勵和引導，能夠讓浪子回頭。看看妳的老公，不是具有更多更優秀的素質嗎？相信他是最棒的，他就一定會成功，會為妳帶來意想不到的驚喜。

老男人忠告

女人都想旺夫，於是逼著老公做這做那，恨不能一步登天。結果，欲速則不達，不僅事業不成，還危及兩人的感情。其實，女人真想旺夫，就得鎮定下來，用信任和穩健為他助跑，為他加油。反過來說，如果老公真是扶不起來的阿斗，就算妳逼死他，他也成不了曹操啊！

6、婚姻的味道

大陸流行一首順口溜：握著老婆的手，好像右手握左手。人本來就有喜新厭舊的心理，隨著婚姻走向穩定，大多數婚姻也走向了沉悶和無味。太太的一位女友陷入婚姻「貧乏期」，她不知道怎樣才能喚起老公的注意，為婚姻增添一份驚喜。太太轉贈給她一張遊戲光碟，告訴她這會給她帶來意想不到的收穫。

幾年前移居加拿大的朋友郵寄給我們一張遊戲光碟，名字是《別讓那隻鳥飛走了》。這是針對成人開發的大型遊戲軟體。打開後首先看到一棟具有皇家風範的豪宅，其中各項生活設施應有盡有。進入遊戲，就可以主人的身分在這裡生活。想打高爾夫，就去高爾夫球場；想喝咖啡，就讓僕人給你送去；想舉辦party，可以邀請包括瑪丹娜在內的一百位世界巨星；想去旅遊，門口就停著名車，埃及、法國、夏威夷……世界各地任你挑選。最美妙的是，如果你想擁有情人，遊戲可以為你提供祕密約會的海濱或者草原。一切都是那麼吸引人，在這裡，你完全可以實現隨心所欲的生活。

唯一有點麻煩的是，遊戲的豪宅中有一隻飛鳥，牠嘴裡叼著籃子，從客廳飛向臥室，從臥室飛向書房，飛來飛去，飛進豪宅的每一房間。牠在幹什麼呢？原來這隻鳥有特殊的作用，主人必須不停地往牠的籃子裡放東西。不管你外出旅遊還是辦公，也不管你讀書還是約會，只要你到了時間不放東西。那麼對不起，這隻鳥就從窗子裡飛出去。頓時，豪宅倒塌，萬物皆失；夕陽下，一個孤獨的身影慢慢消失在黑暗中。

這隻飛鳥的籃子裡究竟需要什麼東西呢？很簡單，遊戲為你提供一份功能表，裡面包括金錢、花朵、微笑、哭泣、親吻在內的152種日常用品和行為。之所以選中這些東西，是因為遊戲開發商曾經耗時三年，從全球五十萬對金婚老人那裡進行過徵集活動，根據這些老人的投票，每樣東西或者行為都被賦予了不同的時間價值，有的代表一個月，有的只代表三分鐘。

記得當初太太收到這張光碟後，自從打開這個遊戲就深陷其中。她一開始弄不懂該往飛鳥的籃子裡放什麼，豪宅經常消失。有一次，眼看著剩餘時間不多了，她隨便挑選了一個親吻放進籃子裡。讓她大感驚喜的是，飛鳥讓她在書房裡看了整整一下午書。還有一次，她放進去擁抱和惜別，竟然去了古瑪雅城市遺址旅遊。半個月後回來時，飛鳥不但沒走，還在門口熱情地迎接她。她深深感慨，放進去金錢，飛鳥只待三分鐘，放進去微笑，牠可以待三小時，這究竟是隻什麼鳥啊？

後來，她終於發現，這是一隻婚姻鳥。放進去的東西，都是婚姻中必不可少的養分，是50萬對金婚老人在婚姻生活中的感悟和發現。一個輕吻，一個擁抱，一個微笑，一句關切的話語，一杯順手遞去的熱茶，一朵玫瑰，這些日常生活中微不足道的東西，都具有滋養婚姻的神奇力量。

玩著這款遊戲，太太有了新的發現和聯想，她對我說，你記得右手左手之說嗎？我愣了，不過還是誠實地回答，記得。太太說，我錯了，從婚前的浪漫到婚後的平實乏味，做為女人，我往婚姻鳥的籃子裡放過多少東西？細一算計，我驚訝地發現答案少得可憐。激情不再，我有很大的責任。

婚姻好比喝湯。湯的滋味豐富而細緻，只有你慢慢地、細細地品嚐，才能充分領略它的味道。簡單地說，喝湯是強調品嚐過程的事。它不同於吃三明治，只是為了盡快填飽肚子而已。

巴法利說過，婚姻是一本書，第一章寫的是詩篇，而其餘則是平淡的散文。

太太告訴女友，最可愛的女人，是那種有許多要說的話，偏不說出來的！不要黏著他，對他若即若離，讓他牽掛妳，然後他才會珍惜妳的溫柔嫵媚。這是一層神祕的外衣，會給婚姻帶來意想不到的東西。

我知道這是太太有感而發。就在她迷戀那款遊戲的時候，我忽然收到了寄給太太的一份包裹。我很好奇，打開後看到一條精巧的水晶手鍊，還有一行刺目的小字：有愛不覺天涯遠，有夢不覺人生寒。我大驚，不知道何許人所為？

這些年，我們一直很恩愛，我放心地在外拼事業，太太一邊持家一邊工作。可是隨著那條水晶手鍊的到來，我心慌了，我注意到太太在變化。她燙了新的髮型，眉眼愈加景致，體型似乎纖細了不少，顯得更有韻味。這一切在我眼前，像是亮起了一盞盞紅燈。我鬱悶地想：難道她有了外遇？我們的婚姻出了問題？

為了一探究竟，我開始關注太太。太太常常一人待在書房，我藉故拿杯子跟了進去。妻子一副慌張神情，好像擔心什麼被我發現。我裝作找東西不肯離開，太太焦躁地坐立不安，巴不得我趕緊出去。我還看到，太太心神不寧，做飯時水溢出來也看不見；倒茶時水流到桌子上也不在乎……

更讓我無法釋懷的是，太太特別喜愛那條手鍊，白天戴著，晚上戴著，外出戴著，在家還戴著，一副不離不棄的模樣。我終於忍不住了，責問道：「誰送給妳的手鍊，值得這麼珍惜？」

太太故作鎮靜地說：「一個朋友。」

這天夜裡，太太洗澡後戴著手鍊睡了。我心裡窩火，恨不能上去給她拿下來。就在我靠近太太時，我看到太太那張熟悉的臉，面容依然清秀，卻不再滋潤光滑，眼角和額頭有了細細的皺紋。她老了，想到這裡，我忽然一驚，自己多久沒有仔細看過太太了？我每天一大早就去上班，晚上很晚才回來，吃過飯還要研究工作。除了吃飯時間，我們幾乎很少交談，更不要說細心關注了。記憶中，我已經很久沒有注意太太的工作如何、心情好壞了。是自己忽略了她，我有些自責，這麼多年都是妻子無微不至地關心自己，早上準備好外出的衣物，晚上準備一桌熱騰騰的飯菜，平日裡還要照顧父母，管教孩子……

我不再怨恨太太，不再試圖摘下她的手鍊，而是把她攬進懷裡，長久地親吻和愛撫。過後，我主動陪她去看電影，還為她煲美容湯，跟她談一些家裡的瑣事……

婚姻甜蜜如初，我暗喜太太走失的心已經回來了。這天，我提前下班，輕輕推開家門時，聽到太太正在與女友通話，她笑著說：「是呀，一條神祕的手鍊就幫我拉回了老公的心呢！」我恍然明白，那條讓我煩惱的手鍊原來是太太自己郵寄給自己的，她做出的一系列心神不安的行為，都是為了愛，為了讓我們的婚姻更加美滿和諧。

現代人的生活喧囂而忙碌，愈來愈多的人漸漸地變得只重視婚姻的最終結果，而往往忽視好好享受與體會婚姻豐富滋味的過程。不要只在他的生活中扮演一種角色，要懂得看時機行事，時而如母親般呵護，時而像女兒般依偎，時而像偶像一般崇拜，時而像老師一樣成熟。

老男人忠告

一個人吃得過飽會厭食，而不會感激，將自己無所保留地袒露給男人，就會產生這種效果。所以任何時候都要保持一份神祕感，讓對方保留探究的欲望，這就像我們玩尋寶遊戲一樣，一下子得到寶藏的地點會不珍惜，曲徑通幽，在某種誘惑下前行會更有趣。

7、聰明地示弱

有位朋友向我抱怨自己的太太：「她現在從頭到腳都是個女強人。在公司事事要與人不同，要比人好。回家一心想著要和我平起平坐。家事對半分，她買菜、炒菜、洗衣、收拾屋子，我就得洗菜、煮飯、洗碗、擦地板，一樣也不能少，絕對平等。就連炒股，我們家也開兩個戶頭，誰也別想摻和誰的事。真像陌生人。」看得出，他很厭煩這種日子，對太太的做法很感不滿。

其實每個男人的骨子裡都希望自己的老婆柔弱一些、糊塗一些。「女強人」這個詞常被我們用來形容一個女人要強到了爭強好勝的地步，語氣中多少會有一絲貶抑的味道。朋友的太太其實也讓人同情，因為這麼做，她也挺累。

聰明的女人，該學會以柔克剛。小鳥依人才顯示出老公的高大偉岸；妳沒有主意才體現老公的精明強幹。「弱」並不是一個貶義詞，我們說一個女人「柔弱、嬌弱、嬌慵無力」的時候，其實是在表達一種好感。很多時候，軟弱就是一種堅強。用武技來做例子，也有內外功夫之分，比如武當太極的內家功夫，以後發制人、四兩撥千斤取勝，靠得就是「柔」。有些外家功夫太「硬」，確實不適合女人練，還記得《射鵰英雄傳》裡的梅超風嗎？相信沒有幾個女人願意效仿她。女人是感性的，這才更像女人。事事要自己領先，事事要平分秋色，疾言厲色的背後，是否有一些色厲內荏的成分呢？

聰明的女人恰恰勇於在男人面前適時地示弱，進而讓男人在瞬間比照出一個柔弱的自己。猶記得那是個中秋之夜，盡興夜宴後的太太與我因為一件芝麻大的事吵個天翻地覆，我酒氣醺天脾氣陡長，她不識時務不肯相讓，最後我們就像兩隻疲憊的老虎一樣，躺在床上喘著粗氣互不理睬。燈滅了，屋裡一團漆黑。

我很快打響了呼嚕，抑揚頓挫，十分有力。可是我並沒有真的睡著，我知道妻子這時的心在隱隱作痛，有被荊棘劃傷的感覺。窗外，月夜溫柔，和我們冷漠的態度正好成反比，我的心中也湧動著一種濃濃的傷感。此刻我多想像月亮那樣，把漫身的清輝灑向她，拂掉我們的不快，甜甜入夢。但我沒有這麼做，我等待著。

果然，老婆妥協了，她推醒我，慢聲細語：「喂，你可不可以給我一絲溫柔？很少很少的一點就可以了！」我在黑暗中睜開惺忪的醉眼，故意面無表情以無比嚴肅的口氣生硬地說：「什麼叫溫柔？我不懂！妳教教我好不好？」我的話令她大失所望，把她在這個美麗月夜殘留的最後一絲浪漫敲打得七零八落。我說罷繼續打呼嚕，實則難以入眠。在這個不能得到溫柔的夜晚，老婆看著窗外溫柔無限的月亮，唯有橫生妒意！

第二天，我對老婆大獻殷勤，如海之廣的溫柔又向她席捲而來。老婆委屈不已：「為何你昨夜連一絲溫柔都不肯給我？」我嘻皮笑臉地說：「逗妳玩！」老婆嬌嗔著鑽入我的懷裡。

老男人忠告

夫妻生活中，若是用讚美的語言代替責備；用肯定的語氣代替否定；用享受的感情代替忍受，婚姻就會釀出源源不斷的美酒來。

8、什麼人的妻子最快樂？

許多女人認為一生最重要的工作就是找到一位好男人。什麼樣的男人才算好呢？男人吸引女人的方面很多，他講話的聲音、舉止，甚至一個很小的動作、一種心情以及一種興趣等，都可能成為女人喜惡的標準。可是，一個男人持久吸引女人的最重要因素，便是他對妻子、兒女產生興趣的能力。可愛的男人，不會把他所有的時間、精力和感情都投入到工作中，他會把他的妻子、兒女視為他的合夥人或朋友，他要與他們共用他的工作、他的快樂和他的煩惱。

2002年元旦，我做為嘉賓參加電視臺舉辦的一個活動，其中一項內容是評選誰的妻子最快樂。現場女性觀眾非常熱烈、踴躍地回答題目，還有來自網路、其他媒體的觀眾，他們的回答也很熱切。答案五花八門，有富翁的妻子、政治家的妻子、作家的妻子等等。

有一位女士的回答很有意思，她說：「只有真正快樂的男人，才能帶給女人真正的快樂。」這讓我記起美國女演員珍妮．伍德沃德說過一句話：「性感過不了多久就會消耗殆盡，美麗也難免要漸漸褪色，但若能嫁給一個能讓妳天天笑口常開的男人，嘿，那該有多棒！」簡單地說，常常讓妳微笑的男人就是好男人。

有次聚會，認識了幾位朋友，其中一位快四十歲的女人格外引人注目。她看起來非常愉快，對諸如惡作劇、呼朋聚會等等的小把戲，保留著濃厚的興趣，生活的艱辛和乏味似乎在她身上沒留下什麼痕跡。閒聊之際，她說很多同年齡的女人對她對生活的態度和看法都感到意外，可是她覺得，這是她們對自己、對生活都要求太嚴格了，有點自己跟自己過不去。

她還說，女人要保持一份童心，用這份心情調節生活，讓生活變得輕鬆，讓快樂變得簡單，讓家庭變得美好。她用自己的標準來衡量，認為自己是個幸福的、有趣味的女人。她談起自己的婚姻和家庭，侃侃而談。老公不很富裕，收入不是太多，但維持正常生活有餘，而且心地善良，是個快樂、知足的人。他常常對她說「我愛妳」，他會過一段時期就拋開工作、責任甚至孩子，單獨和太太在一起重溫昔日舊夢。

在她看來，一切都是他本來的樣子，都在他應該在的時間和位置，從不錯過和她的任何一個好的或壞的約定。換句話說，她的老公讓她成為一個能夠瞭解自己的命運，而且有能力盡力掌握自己命運的女人，因此她覺得自己幸福。她強調說，妳可能會笑我，說我要求太低了，太容易滿足了，但是，妳不妨試試，拿我的幸福和自己比較一下，妳也許會發現，能達到我這個地步並不容易，妳很可能還不如我呢！

幸福、快樂是一種心境，這種心境常常取決於一個人對生活的態度。有許多人常會在遇到挫折時，自怨自艾，認為自己毫無幸福、快樂可言。有些人甚至在困難面前，不堪承受，極輕率地走上了絕路。要是嫁給這樣的老公，相信再富有、再浪漫的婚姻也不會快樂。

快樂的男人很難得，他們首先是寬容的，能夠容忍妳的種種不是，能夠與妳一起分擔挫折；快樂的男人是自信的，不管生活貧富與否，他們始終相信能撐起一片小小的藍天，為妳遮風避雨；快樂的男人是知足的，他不會是財富的奴隸，也不會為權力拋棄妳……這樣的一個男人，也許不能帶給妳榮華富貴，卻讓妳活得心安理得。

老男人忠告

這個世界的男女比例是1.04：1，而這其中真正快樂的男人佔男人之中的比例很小很小，如同恐龍般稀有。好男人是需要培養和愛護的，所以結論是：請愛護稀有動物的幼苗！

9、他或許不知道的兩三事

婚姻的喜劇在我們的生活中隨處可見，婚姻的悲劇也在我們生活中不斷上演，兩種不同的劇本恰恰決定了女人一生的命運。簡單地說，女人需要的男人是朋友、情人、瞭解她的伴侶。要想獲得自己想要的，就要告訴男人以下幾件事：

1．妳真的擔心自己不夠漂亮

很多男人抱怨女人不斷的要求他的讚美，他們奇怪為什麼女人如此的沒自信，實際上，女人確實是。她們需要明確的讚美，「妳試的這件衣服真的很襯妳」、「我喜歡妳新換的髮型」這種讚美能讓她獲得更多的自信，也更確信愛情的存在。

2．妳也很重視工作

有些男人並不重視對方的工作，或許是他們覺得女人就應該屬於家庭，或許他們覺得自己有能力也有責任去擔負起妻子的生活，她的工作只是用來打發無聊時間的調劑品而已。

但其實，女人也重視工作，她更希望她們的丈夫或男友重視她們的工作，就好像他們重視自己的工作一樣。如果男人能夠認真傾聽對方在工作上的煩擾和成就，會讓她感覺到你的尊重，兩人的感情會更加深厚。

3．妳需要男人的傾聽

對男人來說，交談是為了解決問題或是辨明是非，是兩個人之間的溝通和對話，因此，在女人講述的時候，他或許會一再打斷對方的說話，表明自己的觀點。然而，女人這時候需要的，也許只是對方認真的傾聽和溫柔的撫慰，讓她們得以抒發心中的積鬱而已。

4．禮物不在貴重，而在於真誠

有個丈夫準備了很多很多的卡片，每當特殊的紀念日或者太太心情不好時，他就把一張卡片放在她可能發現的地方，使得太太非常開心。這件事也讓這位太太成為了女友中最被羨慕的一個。對女人來說，最好的禮物是那些充滿著濃濃愛意和心思的，而不是那些浮華誇張的。

3 男人好色

有一種說法，男人是泛愛主義者，女人是專愛主義者。拜倫說：「我多麼希望全世界女人只有一張嘴，我只消一下，就能從南吻到北。」從「食色，性也」到這個情感氾濫的年代，女人說，男人對自己的好色就像律師對身為自己當事人的罪犯：明知有罪也要辯護。

旅遊者說：到過一天的地方可以說上一輩子，而住過一輩子的地方一句也說不出。而實際情況是，只有住過一輩子的地方才最值得你留戀。

男人究竟為何好色，他們如何對待自己的各種感情？女人又該怎麼樣看待好色的男人，並與他親密相處呢？

1999年，我大部分時間都在內地做生意，由於工作原因，接觸到很多年輕女性。很快，關於我和一名女孩的緋聞傳得滿城風雨，好像秋風乍起一樣，沸沸揚揚，十分熱鬧。我倒不在乎這些傳聞，可是我害怕太太聽到，這對她來說，肯定是個不小的打擊，甚至她會將我「召回」家中，我苦心經營的事業豈不受到影響？

然而，太太那邊一直很平靜，除了日常詢問，她從沒有提到這方面的問題。有幾次，我聽朋友說太太知道我的緋聞了，可是她始終沒有表態。這倒讓我很感意外，一年時光就在惴惴不安之中度過了。

年末，我和太太單獨出去吃飯，忍不住提及緋聞的事，並不解地問：「我聽朋友說妳知道了這件事，妳為什麼沒有責問我？」

太太不動聲色地用刀叉切著肉塊，笑著說：「生活很枯燥，加點調味品不是更有趣嗎？」

我大驚：「沒想到妳有這麼高深的道行，服了服了。」回想起來，自從我們相識，她對我就一見鍾情。她知道我很優秀，很受女孩子歡迎。很多次，她聽人說某某女孩子喜歡我，向我表示愛意，每當這時，她就像一件靜物，在我身邊，既不礙手礙腳，也不多言多語。婚後，她知道依然有不少女孩子想要約我，但她不干涉，反而覺得這麼優秀的男人有人喜歡很正常。至於這次緋聞，是一位好心的朋友跑來跟她說的，朋友說妳還這麼傻呵呵的，妳老公和一個女孩子的桃色新聞已經滿城風雨了。她不信，「不會的，他很愛我。再說了，既已滿城風雨，我怎麼沒有聽說？」朋友著急地說，除了我，誰會告訴妳這樣的事！趕緊想辦法管管他吧！

當時，太太也很傷心，也很焦急。經過思索，她發現擺在面前的有兩條路，一是與我攤牌，將事情查個水落石出；二是裝作什麼都不知道，一如既往地過日子。痛定思痛，她選擇了後者。

我坦誠地告訴她，雖然我和那個女孩子彼此欣賞，卻什麼也沒有發生，只是人們喜歡猜測議論罷了。太太說，我明白，所謂緋聞，很多時候就是子虛烏有的事，是人們茶餘飯後的聊天話題。

1、此愛非彼愛

食色，性也，道出了男人對女人的貪戀之情。喜歡美色是人之天性，對女色尤然，不近女色者世所罕有，連古往今來的聖賢也不例外。對待老公的緋聞過多地關注，會激發男人實踐的勇氣和叛逆心。女人不斷地探究老公對其他女人的興趣，老公就會真的對其他女人產生好感，直至有非分之想。

一點點醋勁會讓男人覺得妳在乎他，但是無緣無故的疑神疑鬼，卻是婚姻的殺手。婚姻是不能拿來試探和考驗的，試探說明妳對他不信任，考驗代表妳對他不尊重。

記得有一次太太突然對我說，「哎呀，多虧我當初沒有上當，要不然可麻煩了。」我問她什麼事，她不好意思地講述了事情的經過。原來前段日子，她們辦公室裡的女士都接到一張名片，上面寫著：私家偵探，為妳分憂。做為白領麗人，她們可算是熟諳世事，見多了「高級男人」背後的故事。看到這樣的名片，自然心有所動，其中幾人早就對老公有所懷疑，私家偵探的出現可謂及時。於是，辦公室女經理首先聯繫了私家偵探。

幾天後，女經理老公的辦公室裡出現了一個漂亮的女推銷員。女推銷員為他開出了極其「優惠」的條件，甚至「優惠」到了身體。女經理的老公毫不遲疑地拒絕了。

回到家，女經理的老公發現她不但做了一桌子豐盛的晚餐，還春風滿面地迎接自己，與以往大有不同，不由得好奇地問：「今天是什麼日子？」

女經理得意地說：「是獎勵你忠貞的日子。」說完還意味深長地看了他一眼。

老公細一追問，明白了事情真相。第二天，老公就提出了離婚。

面對離婚，女經理悔恨交加，她對妻子說，愛沙尼亞有句諺語——自己拿來的樺樹條打得最疼，我總算明白這句話的含義了。

懷疑是顆毒草莓。可是很多女人認識不到這一點，她們試圖在男人的言行中尋找他另有新歡的證據，動不動偷偷檢查他的手機簡訊，試圖破解他的網路密碼，千種打聽，萬樣盤問，結果是，用放大鏡來尋找灰塵，總會得到。感情很脆弱，沒有多少男人是可以禁得起真正的考驗的。本來風平浪靜，一旦妳使用一些小計謀去考驗他，反而可能激起千層浪，一發不可收拾。男人的出軌多半是發生在妻子監視他之後。也就是說，妻子的監視激發了他出軌的決心和鬥志。所以，忠告妻子們多一份信任，少一份懷疑和監視，這是杜絕第三者出現的基礎。

有一點我始終不明白，抓住男人的把柄後，女人是高興還是傷心？

做為男人，面對太太這樣做的結果，只會產生厭惡心理。感情代替不了尊重，要是他因為愛願意對妳低頭的話，天長日久，他會討回自己的尊嚴。信任是非常嬌貴的東西，如果它遭遇過一次顛覆和欺騙，就會像骨牌效應一樣的全線倒塌，再想重新建立起來，就太難了。

老男人忠告

做為男人，大街上看美女是他的天性，女人不要大驚小怪；在他偶然瀟灑的時候，不要用有色的眼睛盯住他。他們還會告訴妳，他會有異性朋友，甚至是紅顏知己。但妳別擔心，男人對友情和愛情，情人和老婆，往往比女人分得清楚。他知道什麼事情可以做，什麼事情不可以做。如果妳真愛他，他真愛妳，其他人僅僅會是人而已，男女對他來說都一樣。

2、男人為何好色

談到男人好色，說得直接一點，就是「性」，沒有「性」這個角色的作用，男人和女人的交往不會持久，也不會熱烈。現實情況是，男人只有在要求「性」的時候才會有相當的耐心，而這個耐心恰是建立在那個「性」要求會得到滿足的基礎上。為此，女人們往往指責男人對性的要求比愛情多，她們抱怨男人好色、偷情……可是她們很少主動瞭解男人對性和愛的需求，不知道如何滿足男人。

有位朋友從國外回來後，向妻子大講在國外的觀感，把妻子講得入了迷。講到最後，他又告訴她在國外住的飯店裡翻過幾本畫冊，上邊全是真人照片，照的都是各式各樣的性交動作，他還說看過由模特兒拍的錄影帶。妻子本不想往下聽，但見他講得興起，也就不忍心打斷他。到了晚上，夫妻倆睡到床上，他要按照照片上的那些動作演習一番，並要妻子給予配合。妻子勉強做了，但感覺很不好，便打諮詢電話提出了她的疑問。

她說：「我們結婚十年了，性生活從來都是很正經的，現在他突然帶回來這麼多花樣，我實在難以忍受。尤其是有一種姿勢，竟然讓我跪著背對他。我認為只有牲畜才這麼做，因而極為反感，覺得他好像突然間變成了一個流氓。我已經下決心今後再也不和他做這種事情，但卻不知道怎樣能勸阻他這樣做？」

接聽電話的心理醫生哭笑不得。如今社會，性已經相當氾濫了，很多女人仍然讓她的性生活處於自我封閉狀態。對她來說，其性生活必定是幾年以致幾十年如一日地毫無新意，偶爾侵入一點新變化，勢必會引起震撼。

性對男人來說遠比女人想得重要。弗洛依德有一句很誇張的說法，認為人類的原動力是「性」。亞當和夏娃在蛇的誘惑下偷吃了智慧果，發覺了自身的醜陋，於是夏娃用一片無花果葉把自己的那塊聖地遮了起來。表面上看，無花果葉是用來遮羞的，實則是暗喻男人和女人之間對待「性」不同的心理。無花果葉成了一道直接障礙，如果男人要得到「性」，必須先拿下那片無花果葉，這給了他無比的嚮往和鬥志。

從無花果葉上，我們可以看到男人和女人對「性」有了不同的方式，不同的方法，男人必須主動出擊，從科學上講，這是由他身體裡分泌的荷爾蒙決定的。假如夏娃沒有掛上那片無花果葉，男女之間的「性」滿足就像握手、擁抱一樣能夠很簡單地得到。

後來，那對朋友夫婦一起出國，歸來後，精神變化很大，給人神采飛揚之感。我打趣說你們這次出國，是不是有什麼豔遇？怎麼這麼高興？他們神祕地笑笑，有啊，豔遇就是我們找回了從前的感覺。丈夫私下對我講起兩人的經歷，他們在國外的田野裡，邊開車邊做，刺激、冒險的氣氛給他們很大的解放感。還有一次看MTV，他們模仿片中外國人的動作互相撫摸，熱烈地互相需索、互相對應，在最狂野、放肆的過程中，達到了前所未有的感覺。

男人性欲旺盛，為了滿足肉體的需求，他希望能擁有一個只願與他親熱的火辣情人。男人好色，也許會幻想與不同的女人做愛，可是大多數男人都知道這不切實際，但他希望女人能夠又野又有創意，以彌補這種缺憾。所以，他們迷戀性感的女人，將其視為女神。做為女人，怎麼樣才能成為男人眼裡的性感女神，與之度過浪漫的一生呢？

並非只有美麗、豐滿、野性的女人才性感得起，最耐人尋味的性感始終都是超越視覺，成之於內而形之於外，先天之外，還要靠後天一點一滴的經營與解放。有不少女性誤把肉感當性感，又或太著急地表現性感、太張揚的搔首弄姿，殊不知更高境界及富美感的性感，才是殺人於無形的「性感在骨子裡」。

女人必須明白，性感之所以是性感，在於它能引發一種性的吸引力。性感這回事，在不同的女性身上會散發出不同的味道或產生異樣的效果。引起人性衝動與誘人遐想的性感，媚俗的性感與優雅的性感是兩個不同的層次。現代女性有很多性感新主張，視野也愈來愈寬廣，她們不只為討好男人而性感，不為悅己者容，她們追求自我感覺良好。但是，性感本身就是女人的天賦所在，剛醒來時的一對惺忪睡眼、喝酒後的微醺與一臉緋紅何嘗不性感，而這正是構成美感的元素。

下面這些方法，都是深深吸引男人的性感動作或裝扮，它們會幫助妳從內至外，從頭髮到腳趾頭去發掘、釋放及表達妳潛藏著的性感魅惑。

1・自身撫摸的一些小動作：在男人的感覺裡，性感是超越視覺的，它不僅指一個女人的身材或是暴露多少，它是一種「全感官」的表達與享受。比如燦爛的笑臉，天真或帶媚態的眼波，憂鬱或出神的意態，以及半騷半軟的語調，這些都是吸引男人的。我們都說，法國人是最懂得流露性感的民族，確實，除了他們被公認最性感的語言外，他們還非常擅長運用肢體語言，一個媚眼、一句驚嘆或者嘟起的小嘴，都是如此迷人。在各種肢體語言中，不經意的自我觸摸最令男人銷魂。像有些女人會隨意地咬手指、托起腮，甚至輕輕把頭髮向後撥動，她們用雙手輕輕地捧著臉龐，無奈時會聳聳肩膀、輕撫著肩膀或後頸，這些動作如此嫵媚，喚起男性深深的欲望。

2・感性與性感：性感與感性是相輔相成的。男人是理性的，對他來說，一個感性的女人，一個溫柔的女人，無論思考、語調、一舉手一投足都是細膩的、美好的，具有感染男人的力量。

3・添一點醉意：微微的醺醉不但為臉頰添上緋紅、為眼神添上朦朧美及柔和美，更為重要的是，它幫助女人釋放出在日間、在工作中不敢表露的感性，這種模糊中透露的美，曖昧又動人。

4．擅用秋波傳情：眼神最能傳達一個人的情感，無論是秋水翦瞳還是微絲細眼，都能表達出女人的性感來。有些女人的眼神憂鬱迷惘、飄渺，透露出慵洋洋的氣息；有些女人的眼神天真帶笑，就像一代巨星碧姬芭鐸；還有些女人眼中藏著火焰，不管哪種眼神，只要有神有韻，充滿流盼，眼波便是性感的發源地。

5．不忘呢喃細語繞耳邊：呢喃細語，是男人最喜歡聽的語言。女人如果懂得對自己的男人呢喃細語，在適當地方停頓，加強節奏感，並藉韻律美帶領聆聽者漫遊於自己的思維裡，男人會覺得與妳思維一起舞蹈，帶給他前所未有的性感體驗。有人說，法國人之所以被譽為最性感的民族，就是因為他們說話時語調充滿感性又跌宕有致，法語正是一種呢喃細語。

6．裝飾自己的性感特區：性感特區，指的是女人身上的腳踝、耳垂、肩膀、後頸、手臂、鎖喉位等，這些地方十分敏感，十分引人注目。聰明的女人會在腳踝部位戴條小繩、小腳鍊，在耳垂吊個大耳環或小圓圈，在手臂上戴個臂環或印個小刺青，這些東西微不足道，卻能令女人的性感指數明顯地飆升。

7．貼身的牛仔褲：放眼觀之，妳會發現十之八九的牛仔褲廣告都是「賣」性感，可見牛仔褲對經營性感的功能。除了模特兒本身之外，牛仔褲廣告總是向人展現一種我行我素的不羈形象。殊不知，這種形象跟性感有著微妙的關係。不少女藝人在拍完牛仔褲廣告後，性感指數會大幅上升，妳不妨探究一些其中的祕密？

8．有一雙高跟涼鞋：男人有一種喜好很奇怪，他們喜歡凝望女人穿著涼鞋時裸露的腳踝、穿著高跟鞋時婀娜的姿態。性學專家直言不諱地指出，女性的腳踝和腳部是重要的性徵。合乎足部健康的高跟鞋，原來會令腿部內側的肌肉更結實，進而有提高女性性能力的妙用！如果妳瞭解了這一點，是不是該為自己準備一雙高跟涼鞋？實際上，很多女人已經把涼鞋和高跟鞋做為張揚腿部性感的武器，她們不介意男人的偷窺。

9．心中不乏野性：一個女人外表可以不野性，內心卻一定要有野性的東西，這種東西就是讓男人覺得妳充滿刺激，帶著神祕感。為了這份野性，妳要具有冒險的勇氣，

經常嚐試一些新事物，不忘幻想，甚至有股豁出去的精神。

10．賞識音樂彈奏或懂得跳舞：舞蹈是「性」的表現形式，在跳西班牙舞、探戈時流露出的委婉或冷豔眼神，都令男人們產生「性」的欲望和衝動。音樂中流露出的感性和溫柔，更是夾雜著比性感更誘人的意念成分，一位拉小提琴或大提琴的女人，會令男人為之迷惑。

11．適當的異國情調：異國情調，毫無疑問帶著份遙遠、野性以及神祕的色彩，這些東西對男人來說深具誘惑，他們喜歡陌生東西，因為陌生更激起他們征服的天性。穿戴一點富有民族特色的衣飾、梳理一種帶著野性的髮型，都是增添異國情調的方法。當然，這些只是外在的，從內在來說，女人可以多一點遊歷，這是涵養一份異國情調的最佳方法。

12．常常獨立的思索：有些女人外表一般，卻很能吸引男人，她們有一招就是沉浸於無邊思海中，這時，她們的臉上會不期然地多了一份韻味。那些把眼神拋得遠遠，嘟著嘴或微微側著臉、托著腮的表情，那種對外物不屑一顧、視他人為無物的孤獨感、獨立的情緒，更惹男人多望一眼。

13．健康的陽光膚色：肌如凝脂固然如新鮮的桃子，叫人垂涎，但是性感的前提是健康，這是「性」的最基本要求。所以，一身陽光膚色配上肥瘦合度的身型，不但能散發出野性的性感，還會更長久地吸引男人。

14．魔鬼身材也需要天使臉龐陪襯：西方曾經流行冷酷性感，但在反璞歸真的大趨勢下，男人擁抱的性感依舊需要女人的孩子氣。有句話叫「讓小孩子活在心底」，先讓內心保持孩子般的好奇、天真與熱情，妳才能在眼神裡流露夾雜著純真及孩子氣的另類性感。事實上，碧姬芭鐸、瑪麗蓮．夢露、麗芙泰勒等等本身都很孩子氣及有張孩子臉，再配合其魔鬼般的身材，湊在一起便是Sexy angel式的性感。

老男人忠告

性對男人來說遠比女人想得重要。洛倫茲說，男人的骨骼和肌肉都是三角形的，尤如矛一樣，是主動攻擊性的特徵，女人的骨骼和肌肉是弧線形的，是柔性和被動性的。表現在兩性交往中，男人是主動的，女人是被動的。

3、女人也要好色

我們往往忽略女子「好色」，是因為女子相對於男子來說，往往處於被動的地位。然而社會發展至今，女子的地位已有了根本的轉變，不僅嫁雞隨雞已成為歷史名詞，就是以前男人們都羞於啟齒的「性高潮」，也成為女性享有生活權利的象徵。

女人好色，亦是生理本能。一位開放的女性談起自己的性愛經驗時，會這麼說：「最棒的性愛經驗是和我的第四任男友，他是攝影師，相當浪漫、溫柔，外型酷酷的，跟他在一起經常會有一些意想不到的驚喜。跟他做愛是一件相當美的事，他總會找一個舒適的地方，放音樂、喝點小酒，最主要是他會注重我的感覺，也不是那種做完倒頭就睡的人，他會放一池溫水和我共浴，那種感覺一輩子也忘不了。」

性在我們這個時代是一個空前絕後的景觀。性無處不在，躲都躲不開。窺淫癖是電視節目中發展最快的流派。午夜後的頻道上，看來看去無非是些下流的玩意兒。但是所有這些性，卻產生不出快樂，反而導致了愈來愈多的痛苦。我們愈是放縱性，那些想解決我們痛苦的治療師、顧問、心理醫生就愈多。就像古代的一位航海者發出的感嘆：「水，水，到處都是，卻一滴也不能喝。」

有一對香港夫婦談到他們的性愛經驗時，非常自豪地說，每年他們到國外兩次，在他們下榻的飯店，晚上九點，女人為男人倒杯紅酒，他們先在沙發上聊天，彼此都有很好的感覺，女人開始親吻男人的耳朵、吻他臉頰，又把他緊緊地擁抱住，那一刻，男人說自己覺得真美，這種被啃噬的感覺太奇妙了。因為女人瞭解男人的感受，懂得領略他的反應，一步一步帶領他進入佳境，這才保證兩人體會到令人銷魂的境界。

這個時代，人們喜歡有氧體操、肌肉發達的軀體、大號填滿矽膠的乳房、漂染過的頭髮、整形過的鼻子，對好相貌的要求近無止境，渴望性能力如不竭之水，那麼，性成為痛苦還奇怪嗎？相反，激情需要浪漫、承諾、苦痛和麻煩——所有這一切都是我們迴避的。

女人要懂得調戲，我的朋友在談到他喜歡的一位女人時說，她會用手滑過我全身，在我耳邊吹氣，用她的手指穿過我的頭髮，親吻我的脖子，用她的指尖搔我，抓我的背；同時我趴著讓她躺在我的背上，在我耳邊嘟嘟噥噥，最後用手指插入，我真的愛死了。不過大部分女人沒辦法放鬆到這樣的程度，或者根本沒想到這些。所有男人都喜歡女人的手碰觸他的身體，最輕微的碰觸都令他快樂無比。

很多女人抱怨，在性的激發上，婚前沒有性交的性愛撫比起婚後任何時刻都要強而有力。因此她們在婚後甚為懷念婚前的激情感覺。這是一個令人無可奈何的差距。

懷念從前、將失去的東西理想化，是一般人常有的反應，它使人只記得「過去」的行為中令人盪氣迴腸的部分，和現實的夫妻生活相比照時，免不了會興起「今不如昔」的感嘆，每有這種想法時，女人可能就覺得，自己在婚姻中所得到的比她原先的期望少了許多。

環境的改變帶來了全新體驗。這就很好理解女人們的不滿了。油鹽充斥的現實生活和不食人間煙火、花前月下的戀愛日子，是兩個截然不同的世界。處在不一樣的環境、不相同的立足點，反應自然不一樣。所以，愈比只會愈不滿足，不如想辦法解決問題。如果無法在環境上做出很大變化，可以選擇簡單地撫摸。經常撫摸男人，也接受他的撫摸。愛撫是性愛的前奏，經常的撫摸可以消除心理障礙，無聲地告訴他：「我需要你。」

每天摸妳的情人的臉，他的眼睛、鼻子、嘴唇和耳朵，還有他的身體。一雙聰明的手，能夠摸到這個男人到底愛不愛妳。女人撫摸男人，最深情的撫摸，就是撫摸他那張臉。妳是否像他母親那樣輕輕摸他的臉、他的鬍子、他的皺紋？妳曾否憐惜留在他臉上的歲月的痕跡？妳曾否捏一下他的下巴，知道他是實實在在的愛著妳？妳並非做夢。妳曾否輕撫他的嘴唇，用手指吻他？妳不介意他長得怎麼樣，願意讓一雙柔軟的手停留在他臉上。妳願意抹走他臉上的脆弱。臉的撫摸，天真而深情；身體的撫摸，帶有很深的情欲。

在深夜裡，妳可以用妳裸露的身體慢慢地輕揉他的胸膛，用這樣的方式喚醒他，是一種極美的感受。在妳撫摸他的時候，其實也在為自己做功課，這種愛撫會讓妳迅速達到高潮。

他將會發現，這種喚醒他的性欲方式特別美妙。由於男人只需要幾分鐘刺激就可興奮，所以妳可以先愛撫自己二十分鐘，這樣子，他就可一起達到高潮。

但假如他想在深夜裡與妳做愛，那情形就不同了，因為妳無法在醒來的幾分鐘之內感到興奮。所以千萬提醒他要盡可能的親密接觸妳，讓妳的愛慢慢地喚起，直至與他一同歡愉。

妳千萬要記住，妳隨時可以說不，如果妳真的不願意，這並非為了懲罰什麼。如果妳連這句話都覺得不能說出口的話，那妳就會慢慢失去真正說「不」的能力。減少彼此性吸引力的最大原因，莫過於強求自己在不想要的時候做愛。因為愛是需要給予的，而不是強求的，做愛也是一樣。

老男人忠告

童年時從別人果園中偷摘到的「芭蕉」，吃起來就是比用錢買來的合法「芭蕉」更有味。結婚前的性，不必承擔夫妻共同生活所伴隨而來的諸多壓力和負擔，這些責任很可能破壞了夫妻之間羅曼蒂克的情調，甚至完全摧毀了彼此對性的興趣。

4、做愛做的事

夫妻之間「做愛做的事」，可不保證每次都高潮迭起！性愛這回事，挺像是「晴時多雲偶陣雨」，有時陽光燦爛，有時烏雲層層，有時還會打雷下雨！不過，那些讓人回味無窮的最優經驗，可是伴侶之間最甜蜜的愛情密碼！什麼情況最容易讓彼此擁有難忘的性愛？每個人的經驗都不一樣。

那次從朋友處喝酒回來，帶著妻子回家已經凌晨五點多了，妻子要我去洗把臉，可是我卻一把抱住她說「我想要」。我們興致很高，同時達到高潮，事後妻子悄悄說，那是她感覺最棒的一次。

有一點很明確，在性愛關係上，夫妻雙方都在付出，也都在渴望回報。用一個不貼切的比喻，假設兩個人合夥投資公司，當然沒有人願意在一種合作關係中老是吃虧，更無法長期容忍另一方老是佔便宜。所以，女人應該停下抱怨，學會為性愛付出，充分享受性愛帶來的快樂。

偶然的機會，我看到一則調查，80％左右婚齡在七年以上的女人都有相同的體會：「他在床上對我的熱情和好奇彷彿已經蕩然無存。」

「做愛就像例行公事一樣。」

「是不是因為太熟悉了就一定會走向寡欲呢？」

「每次看他心滿意足地睡去，我都感覺自己像吃了虧一樣，心裡很沮喪。」

「要讓心理和生理一樣滿足真是太難了。」

雖然俗話說女人「三十狼，四十虎」，實際上，許多這個年紀的女人卻在為了無性趣的床上生活苦惱著。性愛是婚姻的活力素，特別有助於促進感情，可是女人很少願意主動認識和評價自己的性生活，她們「羞」於啟齒，不肯為性趣「加油」。很多情況下，老公非常努力地討妳歡心，不過是無的放矢，他無法準確感受妳的需求，造成失誤頻頻。女人應該放下羞怯的心理，積極坦誠地追求美妙新鮮的感覺，這樣才能幫助雙方的感情歷久彌新，堅定持久。

大膽地說出自己想要的東西，溫柔地告訴他自己的感受，這會激發男人的勇氣和信心，讓他知道努力的方向和目標。不然，他可能像苦力一樣辛苦，卻難以讓妳滿足。法國作家盧梭認為：「女性向男性進攻的最有用武器就是溫柔。」

抓住性愛機會。即便只有十分鐘，也可以來一次快速而刺激的做愛。事實上，不少女人讚賞急速做愛帶來的刺激，這讓她感覺到新奇和神祕。

經常變換花樣，這會讓彼此之間獲得更大的歡愉，同時讓彼此更瞭解對方的需要。達到身心合一，是性愛的最高追求。

拓展雲雨之地，不要把床做為唯一的做愛場所。許多時候，即興而起的欲望會帶來更美妙的感覺，妳盡可以選擇合適的地方愛上一把。沙發，地毯……會為妳帶來更神奇的性愛樂趣。

老男人忠告

沉溺替代不了激情，恨不得複製自己的身體來追逐性，只會讓性變成自私的書面文書，一項以個人利益為判斷標準的交易。每件事都是為了自己，沒有分享也沒有給予。如果妳做愛的終極目的是獲得個人的滿足，那麼結束時妳發現自己孤獨寂寞也絲毫不稀奇。

5、「一夜情」預測

對男人來說，酒吧是個篩檢程式，也是個偽裝儀式，它能讓粗俗的、野心的男人貌似優雅，像個紳士；對女人來說，酒吧則成了另類感情的盛放地，有人將這種感情稱作邊緣情感，或者乾脆叫做豔遇。毫無疑問，酒吧是豔遇的高發地帶。酒吧裡的男女不奢求天長地久的感情，他們很感性，也很放得開，這為男人提供了獲取女人的好機會。

男人，都是天生的獵者。在夜色中，男人彷彿是被放逐的鳥兒般，無拘無束。這時，一群不受束縛、不要責任、不相信愛情的獵人與獵物，正四處活動，尋找一夜激情……

阿偉是我的朋友，他一直單身，總是喜歡到酒吧尋找已婚的女人做情人。對他來說，建立情人關係是為了解性愛之饞。他說，她們有丈夫，還想要一個情人，為什麼不能利用這個機會滿足一下自己的需要呢？

阿偉唯一一次去情人家找她，是情人想向老公提出離婚。在這種情況下，阿偉甚至沒有說「這不關我的事」的權利。她在他耳邊抱怨丈夫的懶惰，繁重的家事都是她一個人做的時候，阿偉說「那就離開他」，而沒有說「讓我幫妳做」。因為他認為情人沒有必要承擔丈夫的責任，但女人認定阿偉背叛了她。阿偉委屈地說：「其實她應該明白，再癡心的情人也不願意陷入另一對夫婦的家庭瑣事中。」

男人好色，目的可能只有一個；而女人偷情，目的卻很多，她可能為了報復，可能為了自殘，也可能為了被需要。在這場情感遊戲中，陰謀與無知往往組合在一起。最後的受傷者必定是女人。最後的持刃者則肯定是那個一臉無辜的情人。

還有一次，阿偉與他的情人之間出現了矛盾。原因是他發現，自己心理上的失落感和感情上的嫉妒心，開始瘋狂地滋長起來：「她是有夫有子的，我知道我們的關係應該有什麼樣的限度。可是每個星期天我都不得不一個人度過，那時候她正在她的家裡和老公、孩子享受天倫之樂。所有的節日也是，有一天，我獨自一人去參加一個熱鬧的晚宴，大家都成雙入對，只有我沒人陪伴，就像一個年老色衰、被人拋棄的情婦……」他的女人可以隨時享受到家的溫暖、親人的關懷，可是他想得到歡樂，卻還要等太太們方便時發出的信號。

我大惑不解：「她不是結婚了嗎？阿偉，你還想得到什麼呢？難道是等她離婚嗎？」

阿偉心力交瘁地說：「我不要求她能把心都交給我，但我真的希望她至少也能像我一樣自由，不用為我們的關係東躲西藏。在別人眼中，我就像一臺供她消遣的性機器，一個小丑，我最後終於再也不能忍受了。」

婚姻、孩子，是情人之間所能共同創造的最美好的東西。一個已婚的女人即便給自己的情人一間湖邊公寓，他也感到心有不滿。男人想在結了婚的女人身上得到冒險的滿足感，還要得到和光明正大的家庭生活一樣的東西，這聽起來比登上月球還難。

女人們很可能一往情深，男人們卻一半是海水一半是火焰。所謂「一夜情」，乃是基於情欲而非愛情上的關係，嚴格來說，實在沒有什麼「情」可言。在對待男人的「一夜情懷」問題上，女人不妨做一個測試，看看自己的男人到底有多高的本領。

有一位驍勇善戰的大將誤中敵人的埋伏，於是騎著他日奔千里的良駒且戰且退，一路左右開弓，殺敵無數，可是猛虎不敵群猴，他被逼迫到了懸崖邊上，眼看後方的追兵一路奔殺而來，進不能進，退不能退，真是萬分危急！此刻，大將走投無路，佈滿落腮鬍的臉上汗水直流，座下千里駒嘶鳴不止。

現在，請妳讓妳的男人猜想一下，大將所處的懸崖有多高？答案有四：

1．如千尺斷崖一般，深不可測。

2．大約有十層樓高。

3．大約有五層樓高。

4．不過兩層樓高，不算多麼危險。

選（1）的男人：對性愛充滿自信，是位富有經驗的男人，他認為會給自己的女人帶來無窮快樂。不過，在他充滿自信的外表下卻有極其空虛的心靈，往往因為過度的追求肉體上短暫的感官刺激，而忽略了精神上長久的享受。

選（2）的男人：喜歡在無拘無束的氣氛中享受性愛，他如同盛開的花朵，散發誘人的氣息，當眾人聊到魚水之歡的話題時，他總會想到他的伴侶，並且心蕩神迷。這樣的人喜歡在彼此無所拘束的自由中享受性愛，會積極盤算著改善兩人的性愛技巧。

選（3）的男人：這種男人對性生活缺乏自信，他無法體會到性愛帶來的樂趣，他很害怕無法滿足對方而變得戰戰兢兢，因而導致表現失常，陷入自我厭惡的惡性循環中。對於這種男人，女人要給予他信心、鼓勵，逐漸引導他放得開。

選（4）的男人：這種男人可謂只有色心沒有色膽，他們不敢付諸行動，與「獵者」絕對扯不上關係。他們可能會偷窺女人的腳踝等性感部位，但這僅限於私下偷看，一旦有機會，他會因為緊張而痛恨自己的表現。

老男人忠告

對女人們來說，有魅力的中年男人是一列四處招搖的火車，想遠行的女人都想搭乘。

6、婚姻不是彩票

曾經有位女助理，結婚後辭職做專職太太。兩年後，她要求重新上班，原來她與老公離婚了。她向我哭訴老公的種種不是，說自從有了孩子，他很少回家，經常出入一些燈紅酒綠的地方。做為妻子，她多次警告他，可是沒有效果。我為她悲哀，在男人出現問題的時候，她沒有仔細地思索，沒有用心地關愛，只是冷冷地警告！

為了震懾老公，她一改溫良作風，每天都要叫嚷幾次離婚，希望老公能夠有所醒悟。然而，妻子每次叫嚷「離婚」，都彷彿是在催促老公離開她、離開家一樣，老公不但沒有回頭，還包養了一位小姐。

事態發展到這種地步，離婚與否的主動權已不在女助理手裡。後來，那位小姐懷孕，老公歉疚地對她說，妳一直埋怨我欺騙了妳，現在我不能再對不起那位小姐了，不過我不會扔下妳和孩子不管。眼看著丈夫娶了自己的情敵，女助理很受傷，她覺得是自己親手把老公推給了別人。

女助理無奈地說，自己提出離婚，不過是嚇唬一下老公，希望他能夠回心轉意，沒想到……。我忍不住說，可是他一開始並沒有變心，哪來的回心轉意？聰明的女助理明白了，她意識到是自己沒有給婚姻一點彈性，一味地要求婚姻雙方應該絕對的佔有，絕對的純潔，而絲毫不允許對方犯任何錯誤，現在看來，缺乏彈性的婚姻是極度脆弱的。

每個人的婚姻都會出現問題，採取怎樣的措施加以制止是門學問。好車如寶馬可以上二百公里，而大陸的奇瑞卻只能上一百二十公里，為什麼？發動機估計不相上下，差距在剎車系統，奇瑞上了二百公里剎不了車！要是妳的婚姻出現狀況，我奉勸妳不要一意孤行，多問問自己的心，聽聽自己的心，如果妳還愛他，就不要離。愛的力量可以戰勝一切艱難。不管妳感覺自己的婚姻狀況如何，都不要經常去試探男人，更不要以分手做為威脅，當妳經常給他這種暗示，他的潛意識就會做好分手的打算。

喜歡滑雪的人會有這樣的經驗，剛開始學滑雪時看著別人滑得很容易。可是一旦穿上滑雪板，哧溜一下子滑出去了才發現，根本不懂得怎麼平衡。骨骨碌碌往下滑的過程中，更不知道怎麼停下來。這就像婚姻，進去後會遇到很多無法掌控的問題，於是有些女人想停下來卻不知道怎麼做。

要想停，其實只要轉個身就行，轉個身，就不會撞上石頭、撞上人，甚至被撞死。許多女人不肯轉身，而是一意孤行，她們認為離婚就是唯一的辦法。可是，婚姻不是一張彩券，即使輸了也不能一撕了事。如果感覺他有些不對勁，試著對他更溫柔些、更體貼些。這會讓他自慚形穢，深刻反省，直至收斂。

有一美麗女友，丈夫有了外遇，為此，她幾乎得了憂鬱症，無論別人怎麼勸，就是想不通。當年她從眾多追求者中選擇了他，一個其貌不揚、各方面都很普通的男生。沒想到在結婚後，他竟在自己懷孕期間與有夫之婦過從甚密！她花錢請了心理諮詢師，希望自己能從這件事中解脫出來。可是過去許久了，她依然無法釋懷。

一個女人可以不漂亮，但絕不能不聰明。就男人婚外情來說，並不是只有笨人、醜人才會遇人不淑，色藝雙全的杜十娘照樣怒沉百寶箱。女人要想在感情上保持不敗，就要學會聰明地對待婚外情。

婚外情不是什麼新鮮事。認識一位朋友，他的太太就是處理老公婚外情的高手。他的老公與一位年輕女子發生婚外情，太太聽說後，採取了完全出乎人們意料的行動。有一天，她突然來到老公和年輕情人約會的地點，弄得他們措手不及。情人很好勝，她決心與太太攤牌，鬥敗她。當然，老公也很生氣，唯一的想法就是盡快趕走太太。

可是太太進門後，不僅沒有大哭大鬧、猛打老公和情人，也沒有哭著、叫著要離婚。而是一臉誠摯地說：「老公，我就知道你在這裡。」一句話，本來鼓足勇氣打算翻臉的老公沒了脾氣。

太太半是嘲諷半是關心地說：「老公，你好辛苦喔，上班這麼累，還要到這裡來。」老公臉紅了，只有嘿嘿訕笑。

太太走上前，幫著老公套上西裝，打好領帶，拍拍他肩膀的頭皮屑，往後退了幾步，像是端詳藝術品般：「嗯，真帥，怪不得老是有小女生看上你。」

情人躺不住了，一絲不掛地跳起來。太太彷彿沒有看到她，拿出一瓶飲料遞給老公：「累了吧！喝點飲料加加油。」那一刻，老公就像做錯事的小學生，乖乖地接過瓶子，咕嚕嚕喝起來。隨後，太太拉著老公的手說：「沒事了吧？那我們回去好不好？」

望著他們即將離去的身影，情人忍無可忍，卻又無話可說。這時，太太忽然回頭對她說：「哦，對不起，我們先走了。拜拜。」

老公乖乖地跟著太太，一直走到家中，也不知自己怎麼回去的。事後，太太沒有追著責問老公，也沒有追究那位情人。而老公再也不忍做逃避責任的罪犯，主動投案自首，請求太太原諒。情人自認為無法與太太鬥，很快悄然消失了。一段婚外情在太太的幾句話中煙消雲散。

婚外情不可怕，可怕的是女人無法聰明地對待它。女人可以先弄清楚，要是不再愛老公了，大可以轉身離去；要是還愛，還想維持自己的婚姻，就不要一味地抱怨、痛恨，害得自己抑鬱，使事情更加糟糕。

女人要有自信，戴安娜王妃、賈桂琳哪個不是女人中的極品，她們不都是遇到了第三者嗎？這種事碰到了就要想辦法解決，抑鬱症沒什麼用。瑪麗蓮．夢露和甘迺迪偷情，她仗著自己名氣大，長得美麗，竟然打電話給賈桂琳，說要取代她成為第一夫人。賈桂琳不但不怒，反而哈哈笑道：「那太好了！妳打算什麼時候搬進白宮來呀？我這就給妳騰地方。今後所有壓在第一夫人肩上的重擔，就拜託妳挑了。」幾句話，不但保持了尊嚴，還回擊了對手。結果誰都知道，賈桂琳穩穩地坐在第一夫人的寶座上，而夢露，知趣地再也不敢向她叫囂了。

不要對婚外情心存畏懼。愈是對婚姻缺乏依賴的人，就愈不容易受到婚外情的傷害。現代婚姻是自由的，不會提供絕對安全。不要匆忙地以離婚來解決問題。最好的辦法是用自己的智慧戰勝情敵。用離婚懲罰老公的行為實在算不上明智。妳很快就會發現，找到一個比原來老公更優秀，同時更忠誠的男人的機率幾乎是零。所以，除非妳的婚姻本身出現了問題，不要輕易離婚。

老男人忠告

生活在前進，你我在改變，安全感只會建立在自我的自信之上，誰也代替不了自己。因此自我進步，保持獨立是很有必要的。弱國無外交，女人當自強。幸運的女人只經歷一次，便找到了自己一生的鍾愛。不過，在如今高節奏的生活裡，這樣的例子實在太少。相愛難免出現裂痕，分手也不可避免地發生。分手時，要想想，婚姻不是打牌，重新洗牌要付出巨大代價；婚姻也不是一張彩券，即使輸了也不能一撕了事。

4 男人喜歡的調調

美麗使女人引起別人的注意，睿智使女人得到別人的賞識，而魅力則使妳難以被人忘懷。但魅力不是時尚，在時尚之都倫敦看不到整條大街穿禮服的人，而是T恤、牛仔褲；魅力不是最時尚的，是最簡單的！

一個女人的修養，是深入骨髓的東西。僅僅擁有外表的高貴是遠遠不夠的，它更需要堅實的內在因素做後盾，這就是良好的文化修養。需要注意的是，只能讓「營養」豐富妳的氣質，切不可成為一個學究派的古板女人。貴氣的打扮要點在於精緻中卻不露痕跡。裝飾一定要恰到好處、點到為止，千萬不可弄得一身「矯揉造作」之氣。

有位女孩最近想攻讀碩士學位，又有點猶豫，憂心忡忡地問我，碩士學位會不會太高？會不會以後嫁不掉？都說優秀女人難嫁耶。

她的模樣俏麗，人很可愛，讓我不禁記起當年還在讀書時，一天英文課結束，大家走出教室。我和一名男同學喜笑顏開地談論著，他發自肺腑地說：我真喜歡老師的調調！

是什麼調調如此深入男生們的靈魂？原來，課上說到戴安娜，她在學識上追求不多，但這並不影響大家對她的喜愛。這位老師說：古人云女子無才便是德，不無道理，一個男博士會娶一個女學士、一個女碩士，但不會……也有可能娶個女博士，湊合湊合。女人不能表現得太……聰明的女人應該學會隱藏……還是應該單純點、可愛點、天真點……

在女人看來，好似男人們特別嫉妒多才的女人。就如一位女同學抱怨的，男人喜歡在女人面前賣弄他們知道的，就像孔雀要開屏，貓咪要叫春一樣不可避免。她的意思是，男人害怕女人比自己懂得多，比自己有才，他們只喜歡無知的女人，只喜歡不如自己的女人。

事實並非如女人所想。男人喜歡可愛的女人，而不是害怕優秀的女人。實際情況是，很多女人因高學位而自以為是，才是禍根。她們對男人的要求居高不下，不肯降低標準。可是別人不見得認為她有多出色，才導致了她高不成低不就。

一個學位其實沒什麼了不起的，就像一個女人的美貌一樣，在修養面前都會打折。一個個性太強、性情兇悍的女人，即使再漂亮，如果自恃貌美，目空一切，喜歡處處以她為中心，對男人頤指氣指，吆五喝六，不把男人放在眼裡，對做家事深惡痛絕；或者不拘小節，大大咧咧，開口閉口髒話。這樣的女人，哪個男人會娶得起？

1、夠「闖」的才女

她的部落格說明檔寫的是：無他，但才女耳。自稱才女，想必有些真功夫。再說這也符合一名女助理的條件，為此，我親自接待了她。她不見得多麼美麗，可是看上去舒服養眼。交談之下，發現她果真冰雪聰明，知識淵博。我決定留下她。

有天我們一起去吃午餐，一路上，她走得極快，有種虎虎生風之感。天氣炎熱，不一會兒額頭冒汗，她順手擦了一把。這些動作大出我的意料，我想起那些用面紙輕輕吸汗的女士。

吃飯時，她嘴巴張得極大，吃得飛快，還說吃完了趕緊工作。直到有一天，她一身白色長裙很淑女來到辦公室，很優雅地與大家打招呼後，竟然忘了自己長裙在身，忘乎所以蹲在椅子上找圖片，一時傳為經典片段。

當今世界，人人追求個性，張揚隨意已是通行的名片。然而，做為女人，想要成為一名真正的才女，並非只有知識和能力就行，她需要涵養心智。修養是深入骨髓的東西，外貌和學位無法取代。

所謂才女，首先必須聰明，但也要品味出眾，她不隨潮流而動，凡事都有自己的品味主張。她不僅博文廣識，還要懂得「花言巧語」，懂得如何與人交談才會帶給他人最愉悅的感受。有一位女性朋友小曼，很受大家歡迎，原因就是好多人認為和她交談是世界上最愉快的事情。她有說不完的豐富主題，但絕對不會讓人覺得瑣碎無聊；她可能與別人的觀點不一，但她能夠為他人考慮，從不把自己的意見強加於人。她的一言一語彷彿都是甜蜜的圈套，不少人總在不知不覺間被她俘虜。

不少人都說小曼風趣灑脫，她能輕鬆地處理很多無聊的玩笑。朋友相聚，每個女人都會碰到一些不受歡迎的玩笑，有些女人會板起臉孔以示莊重，還有些會臉不紅氣不喘地照單全收。小曼不像她們，她會輕而易舉將皮球踢回去，她無意令人尷尬，但會讓在場的人都心知肚明她不喜歡這種玩笑。

很多男人對小曼都有種難以抑制的獨佔欲望，可惜他們只是徒勞。小曼追求獨立，不喜歡依附和纏繞任何男人，她開玩笑說自己最不擅長的就是怨婦的角色，這是一種過時的情調。在她的婚姻中，沒有癡癡地等待，沒有太多的期盼，她從來沒有把愛情當作唯一，但她的婚姻令人羨慕。她的老公說，她那麼自然，在她身邊總是很輕鬆，可以卸下一切偽裝，與之親密溝通、傾談。有人疑惑說她怎麼會有這種魔力呢？小曼說，祕訣不過是親近大自然，遼遠的天空和新鮮的空氣是靈丹妙藥，妳可以試試，在屋後的森林中妳總可以找到安慰。

小曼的童心令人忍俊不禁，就像小時候為了一塊巧克力糾纏父母一樣，她執著的是自己心中所愛。她懂得善待自己，不會為情所困，不會讓墮落和放縱在自己心裡紮根。這樣一位女人，怎麼會沒有恆久的吸引力？最奪目的不一定是她，但她卻是最得人心的那一個。她是一杯醇厚的葡萄酒，微醺微醉的感覺將出現在你反覆品味之後。她那淡淡笑容和清澈眼波，往往能撥動男人心底深處微妙的弦。

當然，最讓男人欣賞的，是小曼的善解人意。她不會因為男人的「好色」而醋勁大發，她知道那是男人的正常反應，是荷爾蒙的作用。在老公盯著別的美女瞠目結舌之時，其他女人也許會用手袋將他們砸醒，但她只有一句提醒的話，「喂，把口水吞回去！」僅此而已。

本色溫柔，小曼對女性朋友說，聰明的女子在任何情況下都不會輕易放棄對男人最有效的武器——溫柔。男人並不擔心女人知道的比自己多，並不擔心女人多麼能幹，但他們很害怕女人頤指氣使，讓男人乖乖地俯首稱臣。真正的才女，自己縱有N種手段，卻依然用溫婉打動他人。

老男人忠告

從來沒有看到什麼優秀女人會嫁不出去，真正優秀的女人，不可能嫁不出去。嫁不出去的，一般總有各式各樣的弱點。比如，因為出色而疏忽了打扮，或因為漂亮而喪失了溫柔等等。

2、多聆聽，做一個可愛的女人

有人說，戴安娜的無知為查理斯選擇卡蜜拉增添了一個條件，據說卡蜜拉政治、經濟無所不知。有誰愛和一個傻瓜聊天？這再一次說明男人並不討厭優秀的女人，反而對無知的女人沒有好感。一個無知的女人，就像一頁白紙只能任人塗鴉，她們無法理解男人的知識。問題是，女人怎麼樣才能從優秀到可愛，進而獲取男人的喜愛。

簡單的辦法是，女人要知而不露，善於做一名好聽眾。在男人侃侃而談時，表現出興趣和熱情；在男人說錯了話時，不要譏笑諷刺。讀書時，有位女同學去吃晚飯，回來後興高采烈地說，排隊買飯時聽兩個男生談話，他們從熊的雜食性聊到鯨魚的生存危機，很隨意也很有趣，讓漫長的排隊變得趣味橫生。許多男生對她的真誠心存感激，世上就男人和女人，男人不和同性說話，就得說給女人聽，更多情況下，男人喜歡對女人炫耀自己所知道的，他想得到女人的「崇拜」，這時只要聆聽就好了。

然而，很多女人並不知道聆聽的好處，反而會滔滔不絕地顯露自己所知道的，這讓男人們大感頭疼。多年前的一個冬日夜晚，我和太太去看一部期盼已久的電影。我們全神貫注於銀幕，被其中的情節深深吸引。有一對年輕男女坐在我們前面，看樣子像是熱戀中的情侶。不一會兒，前排的女孩開始說話，她側著腦袋與身邊的男士不住咬耳朵。一開始，她說話的聲音比較低，但隨著電影情節發展，她的興致愈來愈高，聲音也不斷提高，以致於我們可以清楚地聽見她在說什麼。女孩已經看過這部電影，熟知每個情節，所以每當一個場景要出現，她便急忙告訴她的男友——緊跟著，銀幕上果然出現了她的「預料」，她高興得連聲說：「喏，你看，我說的沒錯吧！」

我有些坐不住了，她這樣提前告知影片內容，無疑剝奪了我探索內容的樂趣。我一忍再忍，可是她一說再說，最後，我不得不拍拍她的肩膀說：「女士，請妳用妳的眼睛『看』電影，我們將很感謝妳！」

女孩驚訝極了，臉上帶著明顯的慍色，她向著男友嘀咕幾句，倒是真的不再「預告」影片內容了。

太太悄悄拉我一下，不無擔心地低聲說：「你惹麻煩了，你看見了嗎？她那位高大的男友肯定不會放過你。」

果然，影片中場休息時，我去外面買飲料，那位男友跟了出來。想起太太的話，我心裡直發毛，真有點後悔剛才的做法。於是我加快腳步，而那位男士迅速跟進。冷不防，他一把拽住我，另一隻手握住我的右手說：「先生，謝謝你。你說出了我想說的話，我實在沒有勇氣對她那樣說。」

有不少女人容易犯一個毛病，就是不管什麼場合，不管彼此的交情，喜歡絮絮叨叨地數落生活裡的大小事情，也不管對方是不是有興趣，就一股腦兒的說上幾個鐘頭。沒錯，女人喜歡也擅長和別人分享祕密，可是凡事不論大小、對錯，在半生不熟時便向他推心置腹、坦露祕密，只能讓妳在對方眼中變得無聊、瑣碎且毫無神祕感，兩人關係就此畫上句點。

上帝給了我們兩隻耳朵，一張嘴，就要讓我們多聽少說。古時候，有個國家曾經向中國進貢了三個一模一樣的金人，金碧輝煌，皇帝高興極了。進貢的國家提出一道題目：這三個金人哪個最有價值？皇帝想了許多的辦法，請來珠寶匠檢查，秤重量、看做工，都是一模一樣的。怎麼辦？使者還等著回去彙報呢！泱泱大國，不會連這個小事都不懂吧？最後，有一位退位的老大臣說他有辦法。皇帝將使者請到大殿，老臣胸有成竹地拿著三根稻草，插入第一個金人的耳朵裡，這稻草從另一邊耳朵出來了。第二個金人的稻草從嘴巴裡直接掉出來，而第三個金人，稻草進去後掉進了肚子，什麼響動也沒有。老臣說：第三個金人最有價值！使者默默無語，答案正確。最有價值的人，不一定是最能說的人。善於聆聽，才是可愛女人最基本的素質。

懂得聆聽的女人隨時都受到歡迎，不善於聆聽的女人則可能到處碰壁。做個反證：如果妳的行為中出現以下七種情況的一種或一種以上，妳就應該注意改善自己的傾聽技能了。

和別人溝通時，打斷對方講話，以便講自己的故事或者提出意見。
和別人溝通時，沒有和對方進行眼睛接觸。
和別人溝通時，任意終止對方的思路，或者問了太多的細節問題。
和別人溝通時，催促對方。
和別人溝通時，接打電話、寫字、發電子郵件，或把注意力轉移到其他事情上。
和別人溝通時，忘記對方所講的內容。
和別人溝通時，特意等到對方講完，只為方便妳對他所講的內容「蓋棺論定」。

老男人忠告

男人永遠喜歡可愛的女人，女人因為可愛才美麗。更多的男士鍾情於對女人炫耀自己的種種好處，這時只要聆聽就好了。因為他只是想讓妳「崇拜」他一下，記得還要時常給他一個肯定的眼神……

3、格調的上海女人

都說格調是上海女人必不可少的標籤。上世紀末我來到這裡，遇到一位如此的女人。那天在機場等飛機，認識了有著相同目的地的陌生的她，她身材不高，穿著簡潔大方，並無特別吸引人的地方。她是一本英文經濟雜誌的主編，工作比較忙碌，昨夜為了趕工作，通宵未睡。說話間，我的手機響了，我走到一邊接電話，回來時看到她正在打盹。

這時，登機的時間到了，她立即醒來，拎起自己的包。鄰座的同伴不在，她想也沒想，替她拎著那個沉重的包就走。飛機上，她一直睡著，第二天到了目的地，我們到同一家旅館住下了。

她住在我的對面。深夜，我跟人聯繫時遇到了英文難題，只好就近請教她。她微笑著開門回答，並說：「有問題你再來！」果然我一次又一次敲響了她的房門，不斷向她請教英文問題。每次，她都面帶微笑，給我最準確的答案。

她和很多人都談得來，不管工作上的還是家裡的，她都能給人一種開心、輕鬆的境界。她的一位同伴說：「劉主編睡醒了，開始發揮了。」人們發現，她那樣精神勃發，又不誇張造勢，每句話都帶給人意想不到的幽默和溫暖。她從不炫耀自己的英文，但是，當她聽到翻譯在金融行業用語上犯難時，就會輕輕地指出。後來我發現，很多年輕的翻譯在擔任經濟會議的翻譯時，都會謙虛地要求她在旁邊關注一下。

會議結束，我們一起出去逛街。在禮品店，她購買了十幾條手鍊，說送給雜誌社的小姑娘。在珠寶店，她仔細地欣賞光彩奪目的珠寶，說她喜歡看。但她衣飾清爽，毫無珠寶氣。我想，她是比較完美的女人，不再需要什麼珠寶裝飾了。一路上，有人議論到各自的家庭伴侶，感嘆現在的文化界女性優於男性，她卻說：「在精神上我依賴他。」這樣的話似乎很久沒有聽到了。

後來我們去參觀一個展覽，中途我有事離開了，行李卻在車上。等我回到旅館時，有人告訴我：「劉主編替你看管行李呢！」一句話，讓我煩擾全消。她與我交往不深，卻給我留下極深的影響，我曾開玩笑說：「也許我會忘記一千個美女，但我無法忘記妳。」

據說，上海的格調女人，格調就格調在婚前美麗動人，婚後照樣優雅迷人。就如同我們從《上海的金枝玉葉》中認識並永遠記得的Daisy，她是位集優雅、美貌、智慧、高尚、純潔、堅強於一身的奇女子。她出身名門，在「文革」歲月中歷經苦難，屈辱地活了下來，但她並沒有成為一個因心碎而刻毒的老人。當有外國人問起她的那些勞改歲月時，她能優雅地直起背和脖子說：「那些勞動，有利於我保持身材的苗條。」在她八十六歲的時候，與三個年輕女子一起出去吃飯，只在一起走了幾分鐘，那三個女子就感到像是三個男子陪一個迷人的美女去餐館，而不是三個女子陪一個老太太。

我們從Daisy身上看到的不僅僅是優雅的形象和舉止，還看到了一顆像花朵一樣芬芳的心靈。真正的優雅來自於她所接受的良好教育，來自於她高尚的人格。一個人的優雅成為她魅力的組成部分。

給人順眼的外表會贏得良好的第一印象，可是內在的氣質和魅力會更有影響力。三毛和張愛玲都不是傾國傾城的絕色佳麗，但她們都有絕對的魅力。她們用文字將她們的美別致地表現出來，她們的一生都充滿著傳奇，她們的一舉手一投足都流露出修養、智慧和善良。

讓他人從心底欣賞的女人，肯定十分重視生活品質，她不會以洗衣、做飯、養孩子為由，理直氣壯地扔給自己的丈夫一副倦怠的面孔、一雙冷漠的眼神、一副不耐煩的粗俗的嗓門；她不會邋遢到把家搞得一團糟，更不會整天蓬頭垢面地面對自己心愛的丈夫；她不會為了自己的某種利益，隨便欺騙朋友；她不會因為女友穿了漂亮的衣服，就心生惡毒嫉妒；她不會隨意借錢，經常背後說人壞話……

相反，讓人欣賞的女人會重視不斷地充實自己、提高自己的修養，與時代一同前進。她擁有自己的思想和追求，她使自己永遠充滿活力與魅力，並能使他人不得不一次又一次地對自己刮目相看、重新認識。

曾有女士向我抱怨，說她提問身邊的男人們一個問題：「兩人被困山上，只有兩塊麵包，你是把麵包都給自己吃，還是兩人一人吃一個？」多數男人選擇了後者，原因是：「都給我吃了，後半截的路豈不是要我背著妳走嗎？」現代都市，每個人都在盡最大努力地成長、成熟和堅強起來。弱小的心靈一觸即碎，天天仰頭等著別人呵護照顧，一有事情她先坐在那裡哭……面對這樣的女伴，再好的男人也會鞠個躬速速退下：太費勁了，自顧尚且不暇，與其將來肯定照顧不周，四處冒煙，不如早早溜之，讓更有能力的人來吧！

當優雅成為一種自然氣質時，這位女性一定顯得成熟、溫柔又善解人意，無需太多的言語就能與你進行心靈的交流，達成心靈的默契。

老男人忠告

優雅的女人善於為他人著想、為將來著想，她會偶爾盛裝打扮一番，娛樂一下自己，不時地也令男人為自己神魂顛倒。

4、物質堆起來的女人

有位女孩對我說，她想過雜誌一樣的生活，原因是她的男友搬進新家後與她分手了，恢復單身的他日日手捧美酒感嘆，自己過的可是雜誌一樣的生活啊！雜誌一樣的生活是什麼樣子的？舉凡雜誌男主角都是多金、英俊、穿戴名牌、吃西餐、喝洋酒，最重要的一點是單身。女孩氣憤之餘，也羨慕起雜誌生活來，想做一名雜誌女主角，衣食住行都以雜誌為標準，豈不高貴時尚？

我瞭解這位女孩，她是那種非常精緻的人，每天會換不同的指甲油，十分講究絲巾、衣飾的搭配，每天要吃營養食品來保持膚色和體型。當然，她也懂得如何與同事相處，還會很有分寸地討好上司，卻又不至落個「拍馬屁」的名聲。她迷戀星座運勢的書，從中預測自己的愛情運會如何……

說真的，雜誌一樣的生活並非所有女人都能享受到的，多數女人努力追求卻得不到。現代時尚培養出來的女人有一個統一名稱：物質女人，聽起來氣度不凡。生活中，擁有「貴氣」的女人愈來愈多，「貴」，自然指的是金錢。看看街頭上那些穿金戴銀的「高貴」女人吧！用錢堆出來的一身「貴」氣耀眼奪目，氣勢凌人。但是，「貴氣」難掩女人眼底的空洞。女人本來就有患得患失的毛病，空洞讓她們時刻擔心自己容顏易老，經不起歲月摧殘，成為一個「過時」的女人。

其實，高貴的真正含義是擁有一份清閒的生活狀態，而非成為一個「物質」女人。要想做一個不「過時」的女人，並不難，它需要深厚的文化修養和對是非坦然處之的心境。現代社會中，受過高等教育的女人愈來愈多，但受過的高等教育不等於可以吃一輩子老本，社會知識更新愈來愈快，如果不及時加強營養，妳很快就會變成一個營養不良的「過時」女人。

多年以前，我曾經為某家電影公司推薦了兩位年輕女孩。她們同樣年輕，同樣漂亮，也同樣執著於做一名出色的演員。20年過去了，兩人卻迎來了截然不同的命運。

一開始，她們憑藉著漂亮的容貌和出色的演技，很快出人頭地，成為當地有名的女演員。不久，兩人走上不同的生活道路，一位女孩流連於聲色場所中，依靠容貌獲得各種飾演角色的機會。機會多了，她的名聲大起來，可謂名噪一時。然而好景不常，過完三十歲生日後，她發現找自己演電影的導演少了，而她的影迷也似乎忘記了她。更令她傷心的是，以前有成群結隊的男人來巴結自己，可是現在，這些人愈來愈少。她很痛苦，也很迷茫，一天，她想起當年同時出道的女孩，就約我和她見面。

另一位女孩與她過著不同的生活，她一直喜愛閱讀，多年來書不離手。自從兩人分開後，她接的影片雖然不多，但是每部她都很投入，效果也不錯。特別是過了三十歲，人們覺得她的演技愈發純熟，愈發耐看，很多有名氣的導演找上門來，約她合作。當第一位女孩聽說後，不解地問：「為什麼？妳究竟有什麼祕方保持魅力不滅？」

另一位女孩舉著手裡的書本笑著說：「可能得益於它吧！」有人驚訝於奧黛麗・赫本60歲時的容姿，當人們追問她為何容顏不老，魅力永存時，她說，多年來我一直保持閱讀的習慣，一直接受高雅藝術的薰陶，於是在她60歲時，依然端正、純善、嫋嫋婷婷，美得像一幅畫裡的聖母。

中國有一句古話，叫做「相由心生」，意思是人的相貌除了先天遺傳的因素外，後天的修行也很重要。無獨有偶，國外也有一句至理名言：「一個人要對他四十歲以後的相貌負責。」就是說，表情是心的折射。養心可以養顏，可以提高一個人的整體素質。如果妳已經空洞多年，那麼該知道看書了，每天挪出點時間專門看書，政治、時尚、生活、外語、心理、養生、健康、服飾、家庭、養兒育女、女性文學等方面的書報是首選，年齡大了，青春將去，再不補充點東西，不但沒了花瓶當的資格，就連泥罐子都混不上了！

攝取營養的方式多種多樣，不只是單純地看書、學習。比如上網瀏覽、交流，欣賞一部出色的好電影，經常翻閱一些出色的時尚雜誌，學學電腦和英文。只有不斷加強營養，貴氣女人才能在炫麗的生活中遊刃有餘、瀟灑自如。生活也將因此更加豐富多彩。古時深宮，佳麗上千，怨恨無數，可是也有不少聰明女子活得很成功。她們不是「以色侍君」的玩物，她們懂得依靠文化修養提升素養，提高審美情趣，進而鶴立雞群，不但得到君王寵幸，還能參與國家大事。如果一個女人不具備一定的文化修養，不讀一些書，沒有一些見解，怎麼和他人在精神上達到統一，在認知上達到共鳴，在靈魂上彼此呼應。

太太曾參加過一次家庭主婦修養培訓班，負責的老師向在座的女人們提出一個問題：「人生在世，最難忍受的是什麼？」大家發言踴躍，有的說「欺騙」，有的說「失敗」，唯有一個女人說「無聊」。我特別贊同這個回答。曾經聽一位禪師講過一個故事：

有一個人死後，在去閻羅殿的路上，遇見了一座金碧輝煌的宮殿。宮殿的主人請他留下來居住。這人對主人說：「我在人間辛辛苦苦地忙碌了一輩子，我現在只想吃，只想睡，我討厭工作。你能滿足我嗎？」

宮殿主人答道：「如果是這樣，那麼世界上再也沒有比我這裡更適合你居住了。我這裡有山珍海味，有舒適的床鋪。而且，我保證沒有任何事情需要你做。」

這人大喜，於是就住了下來。

開始一段日子，這個人吃了睡，睡了吃，什麼事也不用想，不用做，真是快樂逍遙極了。可是漸漸地，他覺得有點空虛和無聊，時間一長，他有些受不了了，就去見宮殿的主人，抱怨道：「這種每天吃吃睡睡的日子過久了也沒意思，我現在是腦滿腸肥了，對這種生活已經沒有興趣了，你能不能給我找一份工作？」

宮殿的主人答道：「對不起，我們這裡從來就不曾有過工作。」

又過了幾個月，這個人實在忍不住了，又去見宮殿主人：「如果你不給我工作，我寧願下地獄，也不要再住這裡了。」

宮殿的主人輕蔑地笑了：「你以為這裡是天堂嗎？這裡本來就是地獄啊！」

無聊就是人生的地獄。儘量讓每一天充實。女人如果不想做花瓶，不想做瓷器，不想做「貴氣」的過時女人，就要不斷充實自己，給自己充電。況且不是每個人都做得來了花瓶，除非有觀賞妳的男人；不是每個人都做得了瓷器，除非有男人願意收藏妳；可是每個人都有機會成為黃臉婆，都有可能失去男人這個靠山。任何人都有靠不住的時候，誰也不會保障妳的天空永遠湛藍。天空是否明淨晴朗，取決於妳自己。

多讀書，滋潤乾涸的心靈；多聽音樂，豐富枯燥的情趣；暢遊網路，接受新鮮的資訊；多運動，保養自己的身體。有意義的事情很多很多，只要去做，就會變得充實而自信。不能每天無所事事，沉迷物質享受，人沒有遠大的理想就要有近期的目標，沒有近期的目標，就要有近期的打算，沒有近期的打算就要有今天要做什麼。過好每一天，過好每一時，每一刻，每一分，每一秒。

容顏易老，青春易逝，如果沒有花一樣的容貌，沒有神仙姐姐的長生不老術，還沒有花一樣的嬌柔，沒有瓷器一樣的尊貴，那就做一隻不知疲倦的蜜蜂吧！讓有意義的事情陪伴自己，棲息在心靈的家園。

老男人忠告

只有讓自己忙碌，才會消退痛苦和無聊。芙烈達·卡蘿（frido kahlo）說過一句很經典的話：「我喝酒是想把痛苦溺死，但這該死的痛苦卻學會了游泳。」我想告訴妳的是，痛苦永遠不會因為妳的妥協而自動放棄生命，痛苦和無聊是世界上最有生命力的東西。

5、處女座情結

那天，我路過秘書辦公室，偶爾聽到裡面的幾位女性在談話，一人說：「怎麼辦，我那五歲的女兒愈來愈像處女座了。」

「什麼叫愈來愈像處女座，妳可不可以說清楚點？」同事追問。

「就是挑剔嘛！太有主見了，不知道容忍。」

我猜，她最想說的是，那個五歲女兒太難搞定了，給做媽媽的她帶來很大麻煩。現代女性，喜歡討論星座猜測個性，「處女座」常常比其他十一個星座獲得更多唇舌，每個人似乎都有和處女座共事共處的獨特經驗。於是出現了一個奇怪現象，不少女人的神經敏感特區又多了一個地雷，那就是遇到有人問：「妳是什麼星座？」時，如果妳問到的人是處女座，她們十有五個面有難色。沒錯，她們不願別人提及自己的星座，有人甚至會說：「我才不是處女座，現在最新說法不是在十二星座之外還多了個蛇夫座嗎？」

處女座為何引起女人恐慌和躲避？到書店隨便翻幾本星座書，妳就知道原因了。這些星座書大致是如此描述處女座的行事風格：「上進、認真、挑剔、潔癖、嚴格。」比起別的星座，他們真的很好識別。玩猜星座遊戲，猜對處女座者的比率相對於高過其他星座者。大部分和他們共事的人對他們的第一個印象是，挑剔！有時甚至是待人嚴厲。

可是，很多女人就有著「處女座」的毛病。說一個女人是處女座，指的是她對人對事要求太嚴，標準太高，使得與之相處的人感到很不舒服。看來，「處女座」是無辜的，其背後隱喻的是一個不受人歡迎的個性。

我有一個已婚職業女性朋友，經常被人指為「處女座」。她到外地出差，家裡有個4歲的男孩子。她的家裡十分整潔，浴廁沒有一根毛髮，桌上、地板上沒有一絲灰塵。為了維持整潔，她經常與老公、孩子爭吵，鬧得十分不愉快。還有一位頂客族女性朋友，比她有過之而無不及，她每天在家看五份報紙，看完後一刻不停，立即將所有報紙拎出去扔掉。她討厭油墨，認為它們髒污，可是她從事的卻是看報剪報的公關業。他們家裡只有她和先生兩人，他們每天在外工作十幾個小時，於是她請了菲傭做家事清理工作。即使如此，她回到家還要每天趴在地上將家裡抹一遍。

完全不能忍受一點雜質，這很容易讓人將她們與「潔癖」聯想在一起。沒有幾個男人願意與潔癖的女人生活在一起，他們希望家是休息的港灣，而不是潔淨的賓館；他們希望在家裡可以隨意自在，而不想處處被人指責不夠整潔；他們希望女人能夠容忍自己的很多「毛病」，而不是在她們督促下做出這樣那樣的改變。在我們社區有一對模範夫婦，我們從沒聽他們吵過嘴，大家對他們的印象是，夫婦倆常常手牽手在夕陽中散步，看上去那麼和諧、愜意。有一次聚會，不少女人問那位夫人：「你們這麼多年相敬如賓，其中有什麼祕密嗎？」

夫人看一眼招呼來賓的丈夫，微笑著說：「結婚那天，我想，為了將來的幸福我要容忍他的一些缺點。當時，我經過思索覺得十個缺點還是忍受得了的。於是，我開始在日記本上列出他的毛病，我很認真，因為我知道對他的這些毛病我是絕不干涉或者抱怨。」

「您列出的是哪十個毛病？」幾位年輕的女士異口同聲地問道。

夫人笑著搖搖頭，回答道：「我一直沒有時間把這些毛病寫下來。每次他做錯了事，惹我生氣了，我只好對自己說，『這次算他走運，犯的是我容忍的10個毛病之一，不然，我絕不饒他。』」

給生活一定鬆弛度，學會容忍，可以活得更輕鬆、更快樂。那些喜歡挑剔，常常指責丈夫、家人和朋友的女人，不但不受歡迎，而且活得很累。一個沒有處女座情結的女人，懂得與人相處，知道自己不是別人的十字架，而要送給他人祝福。

相信星座的女人，再談到處女座時，是不是可以輕描淡寫一番呢？重要的不是星座，而是妳的個性，妳的修養。

老男人忠告

一個人的教養，是深入骨髓的東西，愛情、婚姻裡的教養，比起我們日常生活中的修練，可能更為重要和微妙。世事難測，尤其是濕漉漉的內心變化。此一時彼一時，那些曾經的暗流，是多麼像我們最常見的兩個問候語：你好，再見。

6、做一個光腳的女人

成為淑女的標誌是什麼？答案很多，可是有一條大部分女人都會贊同，這就是穿一雙長絲襪！絲襪無疑可以掩飾腿上的瑕疵，可以讓雙腿的顏色看起來美麗動人，無論是高級辦公室，還是成功女性，她們的夏裝裡不能缺少的配件就是絲襪。

可是絲襪容易破損，為此給女人帶來不少麻煩。有位朋友遇到過一件事，他帶著女友外出，為了與他的裝束搭配，女友一身黑色禮服，高貴而雅致。不料半路上絲襪刮破，脫了，明顯那裙子會顯得不倫不類，皮鞋也會因光腳而變得分外可笑，可是不脫，那可怕的脫絲處比傷疤都難看，更別提與他相配了。於是，女友一路上彆彆扭扭，十分不開心。朋友沒好氣地說，不就是一雙襪子嗎？值得妳這麼板著臉！

女友憤恨男友不理解她的苦處，一場緣分就此終結。

絲襪竟有如此大的作用，實在大出男人們的意料。後來朋友去歐洲，結識了一位女子，她竟是不穿絲襪的女人。她的腳丫很乾淨，趾甲上塗著和銀色涼鞋一樣色彩的油彩，小腿光潔而有彈性，一眼望去，那樣健康而且坦率熱情，不由得不讓人喜歡。

她成為朋友的女友，有一次他們和我談及絲襪故事，她說很多女人不懂得如何搭配衣服的顏色來選擇襪子的色彩，把好好的衣服搭配得噁心無比，不如光腳。我不懂女性時裝，可是我明白，因為穿著虐待自己是不明智的。歷來搶眼奪目是時裝的生命線，出人意料的方式更使設計激動人心。在各種方法幾乎被用盡的時代，追求舒適性成為新的也是永恆的時尚作業。

朋友講起他與女友的一段趣事，選擇光腳的女友有天正在塗腳趾甲油時忽然問他，你看到夏天裡光腳的女人有什麼感覺？他想她是想得到一些支持和讚美吧！可是他故意不說。她忍不住又問。他開玩笑道：「臭。」兩人笑成一團。

毫無疑問，全球正在開啟一種嶄新的文化──更自由、更率性、更沒有禮教的束縛。這種作風，必將影響到新世紀潮流。暴露得是不是太多了？展露某個部位，會不會招來人們的攻擊？在未來，女人根本不用再考慮這類無聊的問題。自由自在地暴露身體，已經成為明顯的趨勢。不再用刻意的線條修飾體形，而是讓衣服隨著體形自然垂落或緊貼。暴露的意義不是為了迎合別人，而是為了表現自己。

如果你誇一個女人很時髦，那麼還不如說她是個先鋒人物更時尚一些。毫無疑問，在時髦已無法完全表述出那種超潮流感覺的時候，「先鋒」一詞就變得格外時髦，更受關注一些了。那麼先鋒到底意味著什麼呢？

先鋒是屬於年輕的，這個年輕並不僅指年紀，而是表示一種狀態，一種充滿活力的狀態。先鋒女孩應該有一種新奇感，這種新奇不僅體現在外表上，它更包含著對思維方式的要求。

一個人無論長相如何，她都會有屬於自己的閃光點，當然有個性、有特點會更引人注目些。有一位女模特兒，她的長相完全顛覆了傳統意義上的美，甚至是某些人眼裡的「醜女」，但是她內在所散發出來的魅力，應該是沒有人能夠阻擋的。

認識一位外交官夫人，她做過模特兒、寫過書，有著燦爛的生活。她出生在一個很特別的部落裡，當我問起她們的部落生活是不是很另類時，她說那裡的生活絕對稱得上是先鋒的，那裡的人際關係、風土民情，還有生活方式都是一種自然狀態，那裡的女孩子都很美麗，因為她們都很健康、自然、不做作。講起少年時代的往事，她覺得自己長得不好看，所以靠奇裝異服來吸引人，她甚至拿窗簾布做裙子。可是隨著年齡增長，她慢慢發覺外表的東西很重要，但最根本的還是在於內心的修養，一個人的談吐、為人、氣質才是真正的魅力來源。

和外交官夫人一起去大陸，發現她完全不去商店買衣服。她喜歡自己設計的服裝，喜歡從當地人手裡買一些古老特別的衣服。一路上，不斷有人詢問她美容保養之類的話題，她說，其實我長的並不好看，黑不溜秋的，但是我比較懂得如何打扮自己。她告訴別人，要想美麗，必須要瞭解自己，每天早上照鏡子的時候，妳要看清楚鏡子中的那個人。熟悉自己，善於挖掘自己的長處，比如我臉不好看，但我的頭髮很美，我就可以以我頭髮的美麗來吸引人的注意。應該說生活是要自己去創造的，個人的精彩也是要靠自己的發掘。

老男人忠告

外表的東西很重要，但最根本的還是在於內心的修養，一個人的談吐、為人、氣質才是真正的魅力來源。有些女人被稱作「時尚奴隸」，她們認為時尚就是秀場和派對，擔心穿什麼不會成為時尚之尤物，卻忘記了「穿衣搭配之間，自我個性完全表達」的時尚主題。

7、性感衣著

女人是男人眼中的風景，這道風景中衣著起著重要作用。那次是去海邊看朋友，秋日的大海帶著寂靜，不乏寥遠，迎面走來一個約有四十多歲的女人，她穿著一件淺駝色的長風衣，敞開的地方映著米色的襯衫，她有一頭栗色的中長捲髮，被風吹得飛飛揚揚，再看她的臉上，是歲月留痕後的恬淡和安詳。那一瞬間，我忽然聞到了一股溫暖含蓄的幽香，再回首時，那女人衣袂飄飄的身影遠去了，彷彿已融入漫天絢麗又寧靜的晚霞之中。

把簡單的風衣穿得有韻味總是不簡單的。一直覺得能把風衣穿得好看的女人是很美的，或者具有個性美，或者具有氣質美。曾經在紐約深夜的街頭見過三個穿深色風衣的女人，大聲說笑著並暢飲香檳，有一點醉意，有一點落寞，卻又是那麼自信，那麼風姿綽約。我不認識她們，卻始終難以忘記夜風中三個成熟女人的身姿，那隨風而舞的頭髮和長長的衣襬，彷彿訴說著絕色女子的千般情懷。

常去一家夜總會，也就認識了做司儀的阿蘇，舞臺上身著紫色絲絨旗袍的她儀態大方，吸引眾人目光。一天陪一位義大利朋友前往，他對阿蘇情有獨鍾。曲終人散，朋友前去向她邀約，卻見她披件深灰黑的長風衣匆匆出門，跳上了計程車。阿蘇的風衣下襬露出了一點裙裾和她細細的腳踝，在這樣的深夜裡，冷冷的街頭，她用風衣將自己裹起來，是對自己的保護，還是對外界的拒絕？

朋友是位時裝界設計師，對阿蘇的風衣格外感嘆：「任何時尚都沒有比自然的女性特質更能吸引男人，一個毫無情趣的女人，就算她穿著無領無袖的低胸裝，也是不會和性感沾邊的。」

時尚雜誌上的每季新衣，是推薦給影星和模特兒的。做為現實生活中的女人，不要迷戀包裝絢麗的東西，不要被動地跟在時尚潮流背後，學會與它保持距離，從距離之中學會理智而熟練地駕馭它。這樣，妳才能找到最適合自己的東西，保持自己的最佳狀態，這就是女人保持性感的祕訣。為什麼有些女孩在大週末穿著隨隨便便的休閒服和皺巴巴的T恤，不加修飾，反而更討男人們的喜歡？就因為她們的無拘無束、毫不做作。

後來，義大利朋友邀請阿蘇做時裝模特兒，與她逐漸熟識起來。生活中的她竟然喜歡穿男式的V領運動T恤。有一次去打網球，她把領口和袖口拽得大大的，凸顯出嫩肩和纖細的手臂，真是別有一番風情。

休息時，自然免不了討論時裝，阿蘇說GAP和Banana Republic的衣服是最棒的，因為別的好牌子都太貴了，比如Armani。但是Armani的東西都很經典，永遠不會過時，哪怕只買一件你也可以穿一輩子。說起晚裝，她認為Vera Wang的東西非常出色，極富現代感。若論華貴，Valentino獨具魅力。要比剪裁的話，她說Karl Lagerfeld無人能及，可能有人會不喜歡它的布料，但它的剪功夫真是一流裁，它的服裝款式也很迷人。聽她如數家珍，讓人不禁感嘆每個女人都有一套時裝經！

幾天後我去香港，阿蘇同往，在那裡她竟然一口氣買了十件三十元港幣的T恤，有白的、淺藍的和淡紅的。想不到幾天前還大論經典時裝的她會喜歡這些發舊顏色的衣服。很明顯，這些T恤對她來說並不很合身，有點長，可是她說還好，再長一點就會使褲子顯得很臃腫。

設計師朋友非常欣賞阿蘇，說她的衣著裡滲透著性感二字。阿蘇是那樣自信，她穿著晚禮服參加雞尾酒會，引起舉座驚豔。有人問她什麼樣的衣著看起來性感，她說感覺不自在就性感不起來。她還說，不吃東西也性感不起來。幽默的話令場面為之一振。她解釋說，要是一個女人趕赴約會，乾坐在那裡只點一份沙拉，這樣太不性感了。大多數男人都微笑著點頭，看來，她的觀點很受歡迎。

衣著體現性感，男人會從女人的裝扮中推測她們的個性。一位喜歡穿套裝的女性，一看就知道是做事有條不紊、有系統的人，事業恐怕是她心中的首位。男人們只有等她做得累了，才有機會在旁支持或幫助。還有站在潮流尖端，不管衣服合不合適自己的風格，流行什麼就穿什麼的女性，她們特別想突出自我，男人知道要想得到她們的歡心，就是多加讚賞。也有女人追求舒服，一身運動裝或者牛仔，隨隨便便，她們做事乾脆俐落，只要對她裝好，她就會自然接受你。當然，還有喜歡名牌的女人，一般來說，男人會透過物質獲取這些女人的芳心……

許多男人都喜歡看珍妮佛．洛佩茲在葛萊美獎典禮上那身震驚四座的打扮。他們覺得她很性感，挺有意思。阿蘇說她也喜歡她那樣子顯露身材，但是她自己不會對暴露下體的衣服感興趣，那樣人們就會注意妳的下體。她覺得要想暴露就去家裡，或者自己的汽車後座。

那天下午，和阿蘇約了在「九點」茶座喝茶，鄰座的一位女士不知是不是茶喝得太多了，不時起身去洗手間。她的臉上畫了很精緻的妝容，淡色的旗袍襯得她的身材起伏有緻，吸引了茶座裡大部分人的目光，但她只是傲然走過，目不斜視。她看上去真的很年輕，只有兩臂的肌膚稍顯鬆弛，暴露了她的真實年齡。我想她的年齡大概不會小於四十歲。看著她，阿蘇悄聲說了一句，等我到了她那個年紀也能像她那樣就好了。

化妝品令女人漂亮起來，時裝給予女人美麗包裝，再有深度的女人也難以拒絕金玉其表的誘惑。除了外表上的淡妝濃抹，女人們還將更多的精力投入到了看不見的地方。

要完美的曲線，要凹凸的身形，於是女人們用調整型內衣將自己牢牢的綁在裡面，與脂肪做著艱苦卓絕的抗爭。聽人說過一句話：三十歲以後的女人必須與肚皮做堅持不懈的抗爭。所以女人們在身材上耗盡腦筋，束腰、束腹、提臀、收肋、隆胸、托乳，為了好一點，更好一點，就算呼吸不暢，但只要能在鏡子裡看到自己纖細的體型，只要能在別人眼中看到欣羨或痴迷的目光，就讓女人無怨無悔。

做為男人，我永遠不能理解女人們對於美麗瘋狂般的沉溺。但有一點卻是可以肯定的，男人渴望滿目盡美女，卻很少理會美麗背後的故事。這也許是女人在美麗上不惜金錢、不怕痛苦的原因吧！情願「作繭自縛」的女人，的確讓世界好看了很多。

老男人忠告

如果有個男人不喜歡妳瘦弱的樣子，那麼他就值得妳嫁。事實上，大多數男人都不喜歡皮包骨的女孩。穿比基尼可能會很好看，但是妳並不是整天都穿著比基尼的。女人，在享受時裝帶給自己的愉悅和不凡時，要賦予它不同的氣質和神韻，這才能體現出妳的性感來。

8、有些東西永遠吸引男人

前些日子，我要去參加宴會，臨行前對著鏡子整理衣冠。哪知女兒看見了，上下打量我一番，笑得在沙發上滾，最後按著笑痛的肚子對她媽媽說，「哎呀！看看爸爸這身穿著，那副土相！豈止掉渣，簡直要掉灰了！」我很莫名其妙，這不就是一套西裝、一雙黑皮鞋嗎？

「老天，現在誰還在穿一身西裝呀！這表明您非常注重穿戴。窮苦人的性格品德呀！」女兒毫不客氣。

「怎樣才顯得不注重呢？」我問。

「上身穿棉夾克，下身穿棉休閒褲。」她說。

妻子幫我從衣櫃裡找出來穿上。女兒又審視了一番說，「哎呀！媽咪，您在屋裡沒事做呀！誰叫您把這些衣服熨燙了的？您看看，穿在身上像比牆壁還伸展。」

「伸展還不好嗎？」我和妻子異口同聲。

「伸伸展展掛在身上，表明您還注重穿著。窮人品味。」

女兒是個「流行先鋒」，捕捉流行比蝙蝠捕捉聲音還要靈。衣冠楚楚的風格已夕陽西下，在她們這一代人眼裡，「隨便」已經成為時尚。一個人穿著皺巴巴的舊衣服，說明他從不花心思在穿著上，是個有錢有閒階層的人，有很高的品味。

不過，儘管潮流在變，可是在男女交往中，有一些固定的東西始終會左右男人們的感覺，這與時尚無關，不受流行影響。

1．高跟鞋。一雙合適的高跟鞋會令女人的雙腿亭亭玉立，在男人眼中增加許多難以言表的魅力。

2．顯露羞態。害羞是女人吸引男人並增加情調的祕密武器，出現得適時而又恰如其分，便成媚態，是一種女性美，如一派天真的臉上突然泛起紅暈的少女，沒有哪個男人不會動心。

3．神祕之美。把自己塑造成帶點神祕感的形象，讓他覺得妳永遠是個謎，是一本百讀不厭的書。

4．孩子氣的表白。有一次，妻子花了很多錢買了幾張電影票，準備約我一道看電影時，她在電話中用孩子的頑皮口吻說：「我是個很壞很壞的壞小孩。我買了幾張電影票，我如果告訴你票價有多貴，你一定會大發脾氣。可是我保證，只要你不生氣，我就從你的頭頂吻到你的腳尖。」聽了她的話，我哈哈大笑地說：「從頭頂到腳尖是嗎？嗯，這個值得喔！」

5．適當的懲罰。當年我和妻子約會，結果我遲到了，當我說：「啊！遲到了。」時，她只是說：「我們在擔心你是不是找不到地方呢！」不幸的是，第二次我又去晚了，她說了一句，「哼！又遲到了。罰你請我吃飯！」這種程度的生氣令我頗具好感。

6．輕輕的嘆息。我和妻子能夠走到一起，她可是費了不少「心機」。那次，她約我到一家很有情調的酒吧，兩人肩並肩地坐在一起，在前30分鐘照我們跟平常一樣快快樂樂地聊天，並且喝適量的酒。30分鐘之後，她便開始玩弄手中的酒杯，並且把目光盯在她的指尖附近，悄悄地嘆一口氣：「唉！」我敏感地注意到，進而用擔心的眼光注視著她。她卻立刻迅速地躲開我的視線，再給我致命一擊，輕輕地再「唉」一聲。我對她的嘆息生出許多猜想、許多擔心，進而急於向她表白我多麼喜歡她。愛情喜劇進一步上演，正中她的下懷。

我不能對女兒說出自己的想法，只好順從她的意見接受「潮流」，做一會兒時尚先生，急急忙忙趕往宴會現場。

宴會時，遇到了一位老太太，她打扮得很精緻，頭髮紋絲不亂，耳邊掛著兩個銀光閃閃的耳環，連指甲都精心修剪過了，塗著淡紫色指甲油。可是她年紀大了，滿臉皺紋，左手還不停地打顫。

我身邊一位年輕時髦的女士面露蔑視，低聲嘟囔：「核桃皮似的，還打扮得豔如桃花！」

不可否認，她說得沒錯。這位老太太年紀很老了，她的左手不停地抖動，從袖口伸出的手像樹皮一樣乾燥。

老太太似乎察覺出我們在注意她，張開塗著口紅的嘴微笑，儘管她表情愉悅和善，可是還是讓人覺得醜陋。她說：「我患了帕金森氏綜合症，已經兩年了。你是不是覺得我很可憐？」

我搖搖頭，不知道說什麼好。

「我很醜是不是？」老太太繼續說，「不該這麼打扮？」

我更不知道說什麼好了，吶吶地說：「嗯，不……其實……」我想說，相貌的醜陋和美麗的裝扮不是一回事，我還想說，看她這麼貴氣的打扮，她的生活狀況一定很好，不會擔心無人侍候她。可是我什麼都沒說，老太太就開口了：「你不用為難，我知道我的裝扮很顯眼，這是因為我不想慢待任何一個與我見面的人。我很小時母親就對我說：合適的裝扮是對他人的尊重。這些年來我一直奉行這條原則，並得到與我交往的所有人的認可。」

我愕然，繼而對她肅然起敬。假如有一天，我變老變醜，甚至身體有病，會不會自暴自棄？能不能像她一樣樂觀地面對生活，堅持與人交往的準則？

等到宴會結束，我發現那位曾經蔑視老太太的女士，正在與她親切地交談，看上去，女士非常敬重老太太，兩人好像認識了多年的朋友。從老太太的裝扮我再次想到，舒適隨意的現代潮流，並非一定要不打扮，或者裝扮不搭配甚至穿著邋遢。從禮貌的角度講，一點都不打扮、過於樸素，是人際交往的不禮貌。打扮不一定是給自己看的，而是給全社會人看的。一個女人如果外表美觀，自己和別人看到了，精神也會為之一振；相反，如果一個女人素質不高，還穿著邋遢，或者裝扮很不搭配，或者過於妖豔，都會令人倒胃口。

傳說蝸牛從前沒有殼，軟綿綿的身體招致動物嗤笑。蝸牛爬到上帝那裡，祈求上帝賜給牠一個殼。

上帝說：「為什麼一定要裝美麗的殼呢？虛偽還是自欺欺人？」

蝸牛鄭重回答：「為了尊重朋友們。」

對男人而言，對一張細緻的臉說話要比對一張粗糙的臉說話有耐心得多。儘管這樣的心底話使大多數女人不滿，但這又是不爭的事實。因此，懂得愛護自己的女人一定懂得打扮自己。從頭髮的樣式、護膚品的選用、服飾的搭配到鞋子的顏色，無一不需要妳細心地面對。從細緻開始，為「面子」工程努力，不要擔心這會花費很多的時間和心思，當妳在家裡敷上面膜後，打開音響來幾首歌，然後倒在沙發上閉目養神，這種享受，不僅為妳帶來容光煥發的顏面，還會讓妳的內心充滿喜悅。

打扮自己不單單是一種行為，更是一種自我調節心境的好方式，也是減壓的好途徑。忙中偷閒的生活方式，會令妳魅力倍增。自我欣賞絕不是自戀，它是由理智、客觀地對自己的認知中引發出來的自信。而這種自信心會使女人在為人處事上從容、大度，不陷入世俗的旋渦中。

得體的裝扮、優雅的舉止、豐富的見識，這些無一不透出女人高貴的氣質和個人魅力。能正確自我欣賞的女人，大多受過良好的教育，聰明靈慧，她們出類拔萃，既不會盲目自卑，更不會盲目自大。

懂得自我欣賞的女人光彩照人，落落大方，但燦爛的笑裡仍有一股凜然高貴的氣息，讓男人們仰慕的同時又有些敬畏。

老男人忠告

時尚的東西不一定吸引眾人的目光，而吸引眾人目光的女人，卻一定會讓男人產生寫情書的衝動。美籍波蘭女美容師魯賓斯坦說過：「世界上沒有醜女人，只有懶女人。」如果妳不願意用時間來裝扮自己，就不要對其他的美麗女人心生嫉妒不滿。生活在現代社會，可以漂亮而不漂亮也是浪費。只要打扮不要太誇張，適可而止就行。

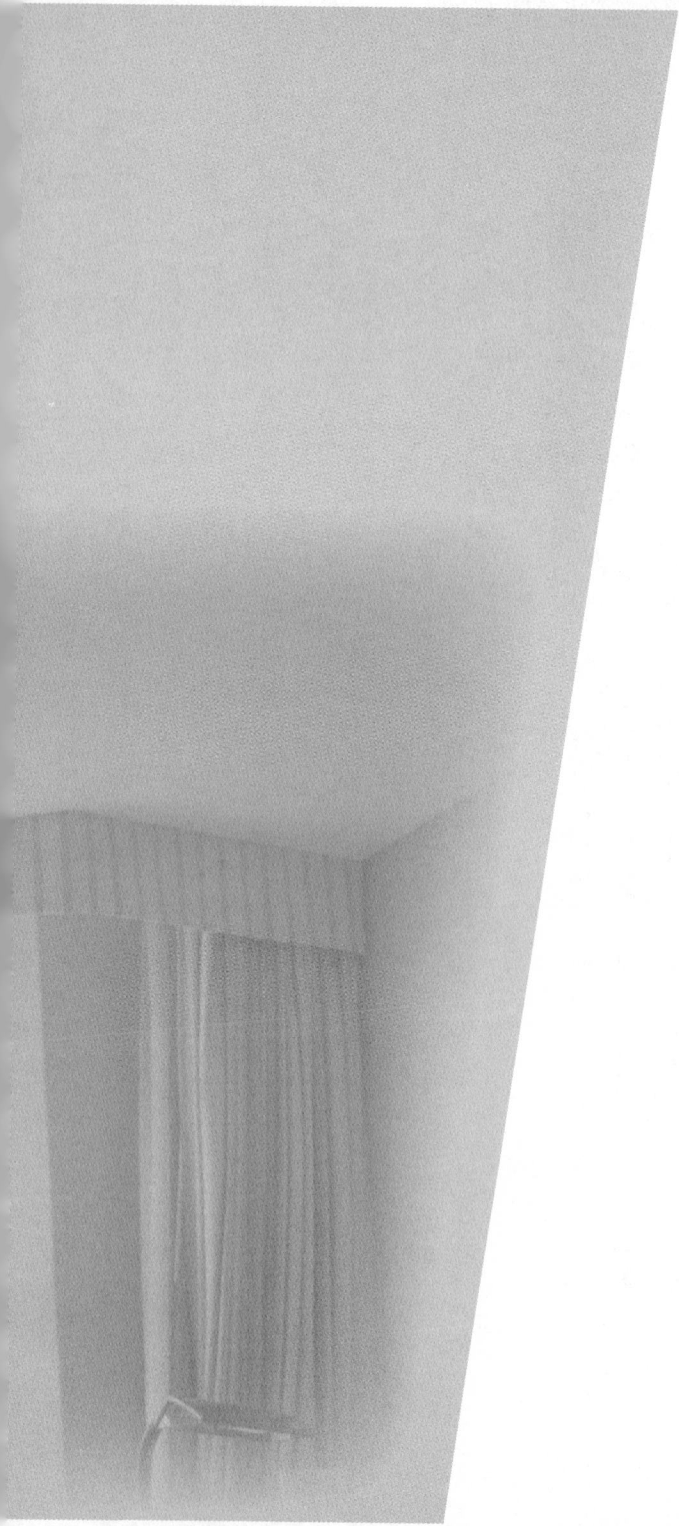

5 男人，從外向裡看

與異性交往歷來是女性朋友倍加小心的事，她們很擔心出現誤會。老天就是這樣，妳怕什麼祂來什麼，異性之間交往總是有著剪不斷理還亂的東西。所以有人說，世界上很多事情是說不清道不明的，尤其是男人和女人之間的事。

當妳顧慮重重、備感疲憊的時候，是誰和妳分擔？是朋友。這個朋友如果與妳沒有利益關係，勢必為妳帶來更安心的感覺。而這個朋友如果是異性，勢必會在關鍵時刻給妳更有價值的建議。

那時我還在讀書，她跳舞，偶然的機會認識後，就成了朋友。朋友是好的，何況兩個人都還年輕，都還天真。她的舞技高超，絕對一流，尤其是快舞，令我十分喜歡。看她在昏暗的燈光下一直不停地旋轉，真是莫大的享受。音樂是一種奇怪的、迷人的東西，它會隨著一個人的情緒遊走，所以音樂一旦柔滑甜膩，就容易讓人忘乎所以，而且不知所措。

她似乎喜歡上了我，彼此面對著會無端地微笑。可是轉過身去，她仍然還原成一個現實又刻薄的女子。她認識許多前來跳舞的人，與他們保持著相似的關係。偶爾聽人議論，她試圖與N個男人保持曖昧的關係，再從中選擇一個做為男友，當然，N大於1。

不知道這是不是實情，後來我們見面的次數少了。一年後再次聯繫，兩個人從陌生到熟悉，由熟悉到孤寡，最後竟恢復到平淡祥和，真是一段奇特的經驗。男女不同，彼此存有好奇和神祕感，容易產生特殊的感覺和情緒。這是正常的，但如果你一味縱容這種感覺，就容易產生感情。

那天我們在酒吧裡喝酒，說著各式各樣的話。有關她後繼的愛情無疾而終的感傷，那時仍然有音樂，但忘記了是什麼曲子。她說起被愚弄、被恥笑的愛情時，我不由自主冒了一句：「噢，妳失去了N個關係曖昧的男人。」她永遠後悔自己的選擇，她總是覺得未選擇的會更好。

每位女人的身邊，總少不了各色男人，如何瞭解這些男人，與他們保持怎樣的關係，似乎是女人很感興趣、同時很感頭疼的問題。也是，一般來說，這些男人帶給她們各式各樣樂趣的時候，也會帶給她們事關名聲、欲望、前途……諸如此類的麻煩。

因此，結交同性朋友要選擇，結交異性朋友更要選擇。如果妳要避免在婚姻上出現失敗，第一步就必須小心地結交異性朋友，不但要小心地選擇，還要小心地與他們往來。這樣妳就已經在婚姻的路上打下幾分成功的基礎。

一個女人要想贏得異性的喜歡，最重要的是什麼？情趣！這是一種自然的流露，是需要潛意識的靈感的。這種靈感只有熱愛生活、對未來一切充滿好奇的女人才會具有，而不是嗲著嗓子說「好喜歡你噢」就可以做到的。

1、認識交往的男友

當年，我和太太拍拖時，有一天，太太忽然帶她的一位女友到我家拜訪。這令我措手不及，來不及收拾髒亂的屋子，只好硬著頭皮招待她們。後來，太太告訴我，女友是幫她來偵查我的，透過「觀察」，她的女友認為我是個很有事業心的男人，值得繼續交往。這令我很感納悶，她怎麼會透過一地髒亂看出我的理想和抱負呢？太太笑著說：「她有一套認識男人的本領。」

女友認識男人的手段很高明，聽她講起來，不乏趣味。她說，透過屋子最能觀察到男人的性格。如果一進他家門，發現的是亂七八糟混亂無比的環境，這時可千萬別花容失色轉頭就走，認定他就是個邋遢鬼不值得發展。要知道，一個事業有成的單身漢，家中沾滿灰塵是合理的，他們也許壓根兒想不到要監管鐘點工的工作是否負責。曼哈頓知名清潔公司的總裁Christian Cino就說過，在他們處理的房子中，最亂的房子通常是最忙碌、最成功的人士所擁有，因為他們把時間都花在工作上了。所以，那位女友鼓動太太帶著她造訪我，當然不能事先預約，如果男人早有準備，他們會把房子徹徹底底清掃一遍。這樣的話，準確度自然大打折扣。

不過，一個將家裡收拾得整整齊齊，連衣服也要按顏色嚴格排列的「處女座先生」是否就是理想的男人呢？事實上，如果妳有這麼一位男友，確實不用擔心每天為他在房間裡四處掉落的垃圾煩心，也不用絮絮叨叨地逼著他去洗澡、刷牙，但是，這位男友也許從不留妳過夜，只是因為擔心弄亂了他的床單，他也絕不會接受妳對他一點點的改變。對生性敏感纖細的女人來說，與這樣的人交往，會總覺得他拒妳於千里之外。

實際上，太太的女友正是有感而發，她曾經跟一個超愛乾淨的男人約過會，他是那種發現沙發歪了一點點，就會放下手上的事馬上去糾正的人。他自己吹毛求疵也就罷了，他還嫌惡女友家裡雜亂的樣子，不願意在她家久坐；更令她感覺糟糕的是，她在他家中必須用客人專用的茶杯，她說自己好像是一個外人，那種感覺差極了。

這個男人是個優秀男人嗎？他是不是有怪癖？還是整天做白日夢的懶惰鬼？該如何和他交往下去？這些一直是折磨很多女人的問題，簡單來說，想瞭解一個初認識的男人，有兩種方法：一是花上半天的時間與他聊一聊，長時間的談話可以讓人不自覺地透露出自己真實的想法。如果妳能夠表現得彷彿妳已經喜歡上他的話，那這時的男人通常更容易露出本性，讓妳輕鬆看清他為人。另外一種方法就是從小細節上去觀察他，不論是衣著還是一些習慣性的小動作，都是解讀一個人本性的好途徑。

從整體穿著看。毫無疑問，一個人的穿著會體現一個人的品味，不過，在大部分男人穿著的大同小異的時候，妳該如何看出他的性格與喜好呢？這就需要一些特別的眼光了。

一個永遠都穿同一個品牌的男人，和一個永遠都穿著白上衣、卡其褲的男人究竟有何不同？其實，他們的本質可能是一樣的。就好像愛因斯坦的衣櫃裡永遠都是滿滿的灰色西裝一樣，這並不是沒有想法的表現，這樣穿著的目的只是為了節省自己的時間，給自己更多的時間去做真正的大事業。如果妳還想探究一下他是否有品味的話，那就看看他的領帶吧！對領帶的挑選將會透露出他的品味細節。不過，如果他總是走在流行前端的話，妳就要好好想清楚了。花費在瞭解流行上的時間過多，那麼他對事業的投入度恐怕會不夠，除非他是從事時尚行業的，同理，他關心妳的時間必然會相對的減少。另外，太過講究衣著的鮮麗，這樣的男人明顯缺乏自信，他究竟是不是一個可託付的好男人，也就得打點小折扣了。

從家居習慣看：

1．**喜歡科技產品的男人**。大多數男人都對高科技產品充滿興趣，不過，卻只有少數男人會將大部分甚至全部的收入拿來買最新的音響、遊戲機，他們時刻關注最新的產品動態，一旦有新貨上市，便第一時間收入囊中，就算他家裡有了成堆的同款產品，他也會毫不猶豫地買下。如果他真的很有錢也罷，如果他的愛好已經遠遠超越了他的收入，那妳就要三思了，妳能否控制他瘋狂的喜好，給你們一個穩定的未來。

2．**迷戀上網的男人。**這樣的男人熱度可不低，他們會把握一切的空閒時間坐在電腦前，他們可以不吃飯、不睡覺，但休想讓他們從電腦前挪開視線。這樣的男人或許不會被外面的花花世界迷惑，但是妳也難免成為了一個電腦寡婦，要和一臺冷冰冰的電腦爭奪丈夫。

3．**喜歡收集東西的男人。**他們將所有的東西都整理的井井有條，他們從不輕易丟棄東西，就算是舊報紙也會堆放得整整齊齊。沒錯，這樣的男人會給予妳極大的安全感，他們重視感情，不容易變心，但妳唯一需要擔心的是，他的長情也許不僅僅是對妳，前任女友也許同樣會讓他無法忘記，他甚至還收藏著以前的照片與信件。

小細節快速打量：

一個男人的細節多半在兩個地方：頭髮和鞋子。一個頭髮亂成一團的男人，不用去他的家裡，也知道他的生活邋遢到什麼程度了。同樣的，一個鞋子上滿是灰塵的男人，必定是個粗心大意的男人。就如同一位知名形象顧問說的：「男人鞋子的清潔度，可以反映出他的自信心，以及他對生活中小細節的關心上。」一個喜歡穿涼鞋、拖鞋的男人，很可能隨意散漫，而穿著綁鞋帶的，就肯定沒有這麼懶惰了。散漫的男人可能很容易忘記妳的生日，不記得妳的喜好，也不懂得呵護女人的敏感和小心眼，並且妳還要為他和妳一同出席宴席時隨意的打扮而大傷腦筋。

老男人忠告

結交同性朋友要選擇，結交異性朋友更要選擇。如果妳要避免在婚姻上出現失敗，第一步就必須小心結交異性朋友，不但要小心地選擇，還要小心地與他們往來。這樣妳就已經在婚姻的路上打下幾分成功的基礎。

2、男人不是好東西

當無事可做的時候，男人們談論女人；而女人們談論男人如何談論女人。女人說：「天下的男人沒一個好東西。」男人困惑，為什麼我們都不是好東西？是因為貪婪？好色？還是因為……沒有人說得清，這只是一句俗話，也是女人評論男人最最常用的話。

年輕時我曾經歷過一件事。那時我應邀參加一個宴會，席間喝多了，酒多亂性，也不知怎麼的，我開始拉著一位女士的手不放，還對她說了很多過分的話。慶幸的是，那位女士始終沒有反目，還和老公一起把我送回家。

可想而知，第二天我回想起此事，內心多麼尷尬。伏爾泰說：「我們所有的人都有缺點和錯誤，讓我們互相原諒彼此的愚蠢，這是自然的第一法則。」愚蠢無處不在，原諒卻稀世難得。從此，我對那位女士十分敬重，與她成為很好的朋友。

有些女人，以追求完美為藉口，眼裡容不得一粒沙子，她們最喜歡說「男人不是好東西」這句話，也會做出很多令男人們備感頭疼的舉動。由於女人無法接受和寬容他人因為愚蠢造成的過錯，會彰顯出自己更大的愚蠢。一個幼稚的人、一個偏激的人從來不會寬容。她們像暴君一樣認為天下唯我獨尊，容不得任何人觸犯自我，提出異議，表示不滿。

其實，「男人不是好東西」並非就一定「壞」。壞是本質的判斷失準，道德的質變業已形成，而「不是好東西」則屬於情感意向支配的價值取向，質變的可能不大。大多數男人寧願接受「士可殺不可辱」的批判，而不願「苟且」偷生，這就是男人。要想讀懂男人的確很難，但女人永遠都會支配男人。不要以為「男人簡單就好」，這樣的男人會活得很悲哀。

男人的欲望是無止境的。不管你是誰，是哪裡的男人，是什麼樣的男人，否認自己沒有欲望就等於否定自己做男人的權力是一樣的。欲壑難填之時，男人往往屬於極具攻擊力的動物屬性，為了女人、財富、權力、地位，男人在佔有欲上永遠屬於侵略者。他們企圖征服世界，給世界帶來了太多的不安定，太多的傷心，太多的把柄，這一切侵犯到了女人們，引起她們極大反感。她們的善良和敏銳的抵抗在訴說著，男人面目猙獰，與自己心目中的男人相去甚遠。

看到動物世界裡公羚羊決鬥場面的人，都會想到男人。公羚羊們僅僅是為了母羚羊嗎？不是。一個種族的繁衍對每一隻羚羊來說，都是舉足輕重的大事，何況是做為人的男人。

好在還有夜晚，這是男人們思考的機會，他整理著自己的思路，懺悔著曾經的故事，籌畫著明天的侵略。男人像極了嬰兒。腦髓中殘存的良知和邪惡都是他們成就「偉業」的根本。如此說來，男人非但不「壞」，反而更需要女人的理解和揣摩。

戰國時期，楚王招待群臣，宴席上燈火突然熄滅，有位大臣趁機調戲楚王的一位妃子。這名妃子反應機敏，扯斷大臣帽子上的緞帶，並悄悄告訴楚王，讓他點上燈火揪出調戲者。楚王沒有這麼做，反而讓群臣都摘掉帽子，大家一醉方休。多年後，楚王與他國交戰，深陷重圍，一位大臣冒死相救，他正是當年調戲王妃的人。

是誰救了楚王？毫無疑問，是寬容。寬容別人，也是寬容自己，一個寬容的人是難得的，因為他會給人比世界更寬廣的東西。

一位脫口秀主持人曾經嘲諷美國前總統柯林頓的妻子希拉蕊，說她寫的自傳：「不可能賣得好，我敢打賭，如果超過一百萬本，我把鞋子吃下去。」上天偏偏喜歡捉弄把話說絕的人，希拉蕊的自傳出版後，沒過幾個星期就銷售了一百萬本！

主持人十分尷尬，不知道這位前總統夫人會如何懲罰自己？希拉蕊沒有「放過」他，為他準備了特定的鞋子，要他兌現自己的誓言。當主持人拿到鞋子後，毫不猶豫地吞了下去。原來，這款鞋子的質地非比尋常，是希拉蕊訂做的鞋子形狀蛋糕，味道棒極了。

瞭解男人的女人，會寬容地看待很多問題，她們不會因為小小的不如意生氣或難過，她們活得很輕鬆。她們告訴自己，原諒這世界和自己。我值得擁有最好的一切。幾年前，我應邀到一家商學院演講，結識了幾位出色的女生。其中一位對我情有獨鍾，一來二去，我有些把持不住。有天傍晚，我正在辦公室看書，她走進來了。閒聊幾句後，兩人都很激動，於是我抱住她開始親吻。

我只顧濃情蜜意，卻忘記關上房門，恰好有位女同事帶著幾位女生前來向我請教問題。她們不知道裡面發生的事情，徑直闖進來，自然撞了個滿懷。當時，我羞愧難當，恨不能有個地洞鑽進去。當然，所有人都很尷尬，一時間空氣都彷彿凝滯了。

忽然，女同事大方地說：「先生，你可不能偏心喔，她們都是您的學生，您也應該吻她們一下。」

幾位女生反應敏捷，立即明白女同事的意思，她們滿面笑容地迎上來。於是，我漲紅著臉一一親吻她們的額頭。屋內的氣氛活躍起來，大家圍著我七嘴八舌討論問題，好像我與那位女生的事情從來沒有發生過。

後來，女同事從來沒有在我面前或者他人前提起這件事。我知道，哪怕她無意洩露此事，對我的前途和名聲都會造成很壞的影響，也會傷害我的太太和家庭。可是她沒有，這讓我多少年來感激不盡。

老男人忠告

對男人來說好女人是一所學校，對女人來說更是如此。達到一定知識修養和精神追求的好女人知道，女人要用寬容的態度來對待男人和他的隱私，不以隨便議論為樂。

3、借個肩膀靠一靠

朋友相聚，總會遇到一些不太熟悉的人。那天，我正要端起手裡的咖啡，一位女孩靠過來：「借你的肩膀給我靠靠。」我愕然，隨後大方地點頭。

那一晚，女孩在我的肩膀哭了個肝腸寸斷。

所有人都認為這是一個浪漫故事的開頭，可是沒有「後來」。

「真的沒有後來嗎？」不少年輕人會這麼問。

「真的！」我回答。生活中需要這樣的依靠，需要這樣的肩膀，這是一種踏實的卻短暫的東西，這是一種超乎想像的卻真實的需要。

有人說，現代人的生活中出現了「第四類」感情，它是存在於男女之間的一種比友情多一點、比愛情少一點的情感。我的一位朋友說，他雖不敢妄談情感，但現在這種情感很普遍，他頗有感觸。

那天下著很小的雨，他從街的另一邊走過來，遠遠看見了在人群中沒有打傘的她。他的目光與陌生的她碰觸的那剎那，就被她吸引了。

他試探地向她微笑，她報以同樣的回應，並走過來說：「可以躲到你的傘下嗎？」這個時候，他有如獲大赦的感覺，因為終於有很正當的理由，向她明確地微笑，在傘下為她留出足夠的空間。

他們兩個在傘下只是對視了一眼，好像心有靈犀，都沒有挪動半步的意思。猶疑了片刻，她便把頭枕在了他的肩上。她說，對不起，我有些累。當時，他沒有覺得絲毫不妥，反而順勢攬住了她。

他忽然明白，城市繁華的後面，哪來的那麼多紛紜生動的感情故事。和一個陌生的女人坐在咖啡館，哪怕只是很安靜地坐著，也是一件非常愉快的事。這對他來說是一種很新鮮的經歷，他熱愛這種方式，他猜，她也是。因為，在他們第一次喝咖啡的過程中，她的嘴角始終洋溢著繽紛的笑意。

男人渴望女人的微笑，他最難忘初戀情人羞澀的微笑，他認為微笑是與女人接近的最好機會。微笑可以寬慰男人的心，當一個女人對一個正在發火的男人微微露出笑意時，男人心中的壁壘會悄然冰釋。

她非常喜歡他的邀請，他們經常像戀人般坐在咖啡館臨街的座位上。對於這種電影一樣的邂逅，他們誰都沒有多話，好像一張口便煞了風景。他們只是愉快地喝著咖啡，偶爾聊幾句。

在一起的時候，他們的談話內容無邊無際，沒有任何的負累。她說男人的壞話，他則說著對女人的不滿。她說工作中同事對她的無聊騷擾，他幫她分析並且告訴她應對的措施。他有時抱怨事業的不順心，她則輕聲細語地安慰著他。很長一段時間，他們熟悉的只是如此，別的，一無所知。他們對各自的有所保留，有一種不折不扣的默契。最可愛的女人，是那種有許多要說的話，偏不說出來的！

他忽然覺得他們就像兩根筷子，同時存在但只有部分接觸。它比友情多一點，比愛情少一點，兩個人不用付出任何承諾，大家都很輕鬆，和則繼續，不和也不至於怨毒忿恨。

那一天，在看完電影出來沿街散步的路上，他第一次吻了她。他有點失常的激動，而她卻很鎮靜。和一個陌生女人相愛？他這才意識到這是一個多麼可笑的邏輯上的錯誤。每個看見他們的人都會把他們當作親密的戀人，只有他自己知道，這是未被確認的愛情。他不知道她是怎麼想的，她絕不是舉止輕佻的女子，他敢打賭她對他的親近，甚至有一種無邪的純真在其中。為此，他不知道該感謝她對他的信賴，還是該責怪她對他內心真情的忽略。

他和她這種熟悉而又陌生的親暱狀態，維持了一年的時間。這個過程，想來有些離奇：他居然用了一年的時間，迷戀著一個其實完全陌生的女人。

生活是很現實的，浪漫只是一時的呈現，是沒有後來的事。《天龍八部》裡有一節叫「酒罷問君三語」，問一個人一生中「最快樂逍遙的地方、最愛的人、最愛的人的相

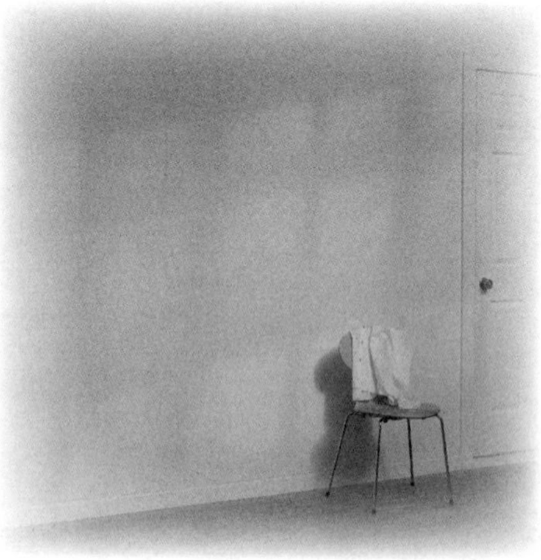

貌」。段譽的回答是「枯井底、污泥處」，和癡戀了多日的王語嫣總算心意相通兩情相悅。但是這也是一種過去式，想來這位大理王子和王妃的「後來」，未必比查理斯和戴安娜好到哪裡去。如果時間凝固在世紀婚禮的一刻，誰敢說查理斯王儲的婚姻不是最浪漫的呢？

十幾歲時和男女夥伴們郊遊，遇到細雨霏霏，大家會拋下所有雨具，站在雨水裡歡歌笑語，認為這是世界上最單純的浪漫情誼。幾十年過去了，一起淋雨的朋友星散各地，在世界的某個角落，他或她還記得那場細雨嗎？

想起前不久到海邊，夜裡聽著濤聲陣陣，不免動了思念之情，隨手撥通手裡的電話。那邊太太睡意朦朧，我從海邊月色講到海浪聲，然後說：「妳也聽聽海濤的聲音吧！真是美極了。」說著，我將手機對準無邊無際、寬闊遼遠的大海，想著太太臉上浮起的欣賞、滿足之色，急急問道：「聽到了嗎？」

「你有正事嗎？」沒想到，那邊傳來太太氣急敗壞的聲音：「深更半夜打電話，聽什麼海濤聲？嚇我一大跳！」

這就是故事發展到「後來」的樣子。浪漫存在於剎那間，或許會消失殆盡，或許成為一種溫暖的、厚實的感情，但是，它不會延續，任何人也不要渴望它延續，這樣，它就有了生存的空間和時間。這種東西，微妙之中顯示出自己的作用。

老男人忠告

當妳顧慮重重、備感疲憊的時候，是誰和妳分擔？是朋友。這個朋友如果與妳沒有利益關係，勢必為妳帶來更安心的感覺。

4、男人都是癩蝦蟆

女人不都是天鵝，雖然每一個女人都自以為是。當然，男人也不都是癩蝦蟆，即使被女人貼上標籤也都自認為不是。但是，做為女人，她們常常會有這樣的感慨：我們之中的出類拔萃者往往被賽前並不看好的黑馬擄獲，而我們眼中的白馬王子娶的要嘛是「傻漂亮」，要嘛是「醜女」，天鵝們則還沒開賽就被淘汰出局。白馬王子們怎麼了？

那天坐在餐廳用餐，被身旁幾位年輕人的談話吸引了。其中一位在婚介公司做程式設計師，經常接待一些三十歲左右的漂亮女孩。他說，有一天來了個三十歲的小姐，長相還算靚麗，聽說他們婚介公司具有網路背景，具有龐大的人才資料庫時，立即要了份表格向他走去。

他問道：「妳需要什麼樣的啊？」

女孩斬釘截鐵地說：「三十歲以上，有車有房，婚否不限。」他在資料庫為她搜索很長時間，結果只有三個符合條件，女孩見此，失望之情溢於言表。

他忙勸慰她：「您還是放低一點條件吧！」

女孩猶豫了一下說：「那就把年齡定為二十五歲以上吧！」

他又開始了搜索，這次結果不過多了兩個，女孩一副深深失望的表情離開了……

他講完別人的故事，又談起自己的一段經歷。上次在網路認識一女孩，聊了近三個月，相片都看過了，結果在要見面的前一天，那女孩就打了退堂鼓，說：「你要是郭台X，我就馬上英勇獻身了，要是有車有房，本姑娘也可將就，只可惜……哎，只嘆我們無緣啊！」

一時間，在座諸人無不動容，一片兔死狐悲狀，那位講述者不無沉痛的感慨著：「想我怎麼也算一IT有為青年，月薪X萬以上，要相貌有相貌，要身材有身材，手裡攥著已上市公司的數萬期權，這要到了三十歲，那可也是有車有房的中產階級啊！二十六年，二十六年啦……我還是孤家寡人，高瞻遠矚的女孩都到哪去了？這日子無法過了……」

就聽旁邊一位小夥子勸說他：「挺住啊，老兄，三十歲就要到了，道路是曲折的，前途是光明的……」

聽著他們的議論，我想起女人們的天鵝、癩蝦蟆之說。正當青春，羽翼豐滿的天鵝高傲地昂著美麗的脖子，她們在等啊等啊，卻始終等不來白馬王子。在她們的夢裡，白雪公主一向來都是被白馬王子吻醒的，從來沒聽說被癩蝦蟆偷襲過。可是，長久等待之後，她們不得不低下頭時，發現了一道道充滿渴慕的目光——來自癩蝦蟆的眼睛！

白雪公主的故事會不會演變成「美女與野獸」？癩蝦蟆會不會勇往直前？在天鵝們

看來，偶爾答應一下他們的約會邀請，只不過被誠心感動，而非有什麼成全他的打算。於是，來自癩蝦蟆的邀約也成為一道過去式，沒有了將來。

癩蝦蟆自有主張，他們不是沒有勇氣追天鵝，而是壓根兒沒打算追。男人們很實際，他們知道自己娶回家的一定是老婆，而非其他，天鵝怎麼可以做癩蝦蟆的妻子?!且來聽聽他們的心聲：有一種女人絕對不能娶來做妻子。並非她們是與世隔絕的另類人，而是她們實在太「美」了。五穀雜糧餵大的她們和我們沒有多大差異，只是她們的美令人心顫。

除了化妝品和流行時裝，她們對世俗的任何東西都不懂，不懂得在市場上討價還價，不懂得擠公共汽車，連金錢也會弄髒她們雙手，連稍微熱烈一些的愛也會弄疼她們、嚇著她們：她們不諳世故，有時甚至單純得令我們感到吃驚和擔心，除了超人，誰也不能完完整整地保護和照顧好她們，連一絲小小的疏忽也會讓她們受到最嚴重的傷害，甚至令她們香消玉殞，成為薄命的紅顏。這種女人嬌弱得令人心疼，你只能隔著一段距離小心地看和欣賞，可望而不可及。連偷偷的暗戀也會褻瀆她們，好比一幅畫中的風景，我們只能在牆上敲根釘子把她們掛起來，然後遠遠地看，遠遠地想——可是即便是想，想過後也得趕快丟開，不丟開就會相思成病；可是即便想過後丟得開，我們也不能使勁想，害怕一用勁就想壞了她們。

在他們看來，天鵝們高高在上，難以服侍，娶回家難以消受，不是自己找罪受嗎？於是，一位位天鵝們看不上的灰姑娘，成為癩蝦蟆的親密伴侶。更可氣的是，沒過幾年，癩蝦蟆不賴了，眉宇間多了自信，舉手投足間多了成熟，就連本來瘦弱的體格也強壯威武起來，這早已不是蝦蟆，已與白馬無異！

所以，知趣的天鵝開始反思：我們天生喜歡被人追求。男人的求愛在我們看來就好像是公雞打鳴，即使不好聽，即使打鳴後天也沒亮，也比縮頭縮腦的瘟雞好，起碼牠喚醒了我們，讓我們早一點看到天亮。她們說，我們可能忘了我們見過的最優秀的王子，但會記住一隻愛過我們的癩蝦蟆，向癩蝦蟆發出求愛的邀請。可惜，一切為時已晚，癩蝦蟆已是別人的白馬，不可能吻醒另一位白雪公主。

女人一直缺少對男人的瞭解，不知道每位癩蝦蟆的心事，也不願對他們說出自己的想法。這造成了一個奇怪的現象：男女的愛情啞謎打了幾千年，他們在盲目的黑暗中尋找著彼此的共同點。最後發現，愛情的殺手原本還是愛情本身。

老男人忠告

每一個女人都希望成為她所愛男人眼中的天鵝，從這一點上說，她們希望每一個優秀的男人都成為癩蝦蟆——只有癩蝦蟆才想吃天鵝肉。可是癩蝦蟆偏偏不買帳，他們覺得天鵝肉太「貴」了。

5、幾種類型的男人

青春年少的稚嫩總是伴隨著憂鬱，17歲那年，我讀了一本《愛因斯坦傳》，至今一直都懷著對愛氏的景仰和對相對論的疑惑。而「時間」問題在我看來比「同時性」問題更重要也更根本。那時的我常常感到被無名的憂傷漲滿，一個秋雨的下午，我在檯燈下讀著一本能讓自己更加深刻些的書。輕輕的敲門聲讓我在輕漫地打開門後，看見了一個似乎更憂鬱的女孩。

那個下午，到處飄散著清冷。兩顆敏感而憂傷的心無所依靠地對峙著。她要追尋一個明朗的承諾，我卻迷信無言的契合。她終於跟另一個追求她的人走了。她寫信對我說：憂鬱是讓人迷戀和迷失的，但生活卻是簡單的。

她選擇了生活，同時選擇了簡單。

許多年之後，我老了，過著簡單而充實的生活，年少的憂鬱早已消失得無影無蹤。和一個朋友閒聊的時候，隨手翻到了一張照片，上面有我，還有幾個不甚熟悉的朋友，朋友指著其中的一個男人對我說：「給你講個故事，就是他和他的女人的故事。」對於男男女女之間世俗化了的愛情，我一般是不會那麼容易感動的，可是他們兩個人的那張照片，我卻不由得多看了一會兒：簡單的背景，兩個人只是隨意地站在一起，可是怎麼看，照片上男女主角的淡淡笑容裡，都流露出莫名的憂傷。朋友說，這是他們的第一張照片，也是最後一張。這個女孩子在準備結婚的時候，自己一個人跑了出來，她和他照了一張相，並且在一起聊了一個晚上，接著，就嫁給了自己的老公。

品味朋友的故事，回想那段往事，對於女人們做出的選擇，我真的十分感慨，生活不是夢想，做為女人，如果真的要現實一些，那就要瞭解與妳交往的男人，然後做出自己想要的選擇。

1．他愛T恤勝過襯衫。比起需要熨燙整齊、穿著規矩的襯衫來說，他更喜歡T恤以及一切舒適的衣物，因為他喜歡自由自在地去過自己想要的生活，而不是被種種的規矩所約束。他熱愛陽光、渴望運動，喜歡新鮮的事物，熱愛挑戰，重視自我感受。同樣的，他認為女性是與男人截然不同的性別，懂得疼愛女人，也會有些許的大男人主義。

2．下班還提電腦回家的男人。不要覺得他是個在工作中苦苦掙扎的可憐蟲，在追求經濟效率的現代社會中，正是這些勤奮踏實的人們支撐起了整個社會的運轉。這樣的男人也許不善言辭、老實木訥，但他們有責任心，願意承擔起家人的生活，會是可靠的好丈夫、好父親。

3．養貓的男人。有一點可以肯定的是，養寵物的男人多半很有愛心，而且心思細膩。很多人覺得養貓的男人有些自閉、害羞，是那種更樂於躲在家中而不願出去見人的人，但實際上，養貓的男人可能是個做事直接了當，而且有些堅持己見的人。

4．愛戴墨鏡的男人。他們夠年輕，而且能夠接納新的思想，他們充滿自信，覺得未來盡在掌握，旺盛的精力讓他們勇往直前，也令周圍的人讚嘆不已。他們總是像一頭蓄勢待發的豹子，積蓄一切精力向自己的目標進攻，而且他們往往能獲得自己想要的東西。唯一需要擔心的是，一旦遭遇到挫折和打擊，他們很有可能喪失信心，失去往日的自信和灑脫。

6 左愛和右愛

現代女性不要做沒有事業、沒有目標的人，不要成為男人的生育工具，更不要為男人守一輩子鍋臺。可是她們往往在家庭和事業間左右為難，舉棋不定，像是走在一條鋼絲上。也是，這是一根險象環生的鋼絲，走不好會很危險。走好了，則是另一番天地。

暴走職場、入世奮鬥並不是錯，可是，女人無論事業上多成功，她還是覬覦男人的承認，而這種承認無非就是男人的一份愛。男人就不同了，只要他事業成功，他就得到了女人的承認。如果說事業是女人的左愛，那麼右愛就是她們心中的男人。

一位相交多年的女性朋友前些日子來訪，向我徵詢一件事情。她所在公司因為業務需要，想讓她去國外開發新市場，任該國總經理，希望她考慮。去國外開發新市場，雖然辛勞，但職位比現在提高了很多，這是她多年工作的回報，也是每位職業女性渴求的事情。然而，遠離家鄉和親人，拋下尚未成年的孩子，與丈夫分居，又是每位女人最不忍的心事。所以，她十分煩心，希望我能給她建議。

聽了朋友的訴說，我沉思良久才說：「看妳想要什麼樣的生活，最後做決定的是妳自己。」

「什麼樣的生活？」朋友皺著眉頭喃喃自語，坐了半天才踟躕著離去。望著她遠去的背影，我心想，去與留，很多時候只是一念之差，真希望她能權衡利弊，做出最好的選擇，能夠得到最好的生活。

對現代女性來說，事業不亞於一道護身符、一粒定心丸，既是安身立命的保障，也帶給女人快樂與自信。職業女性在各個領域散發其做為女人獨有的魅力。她們個個有著知識薰陶出來的誘人氣質，穿著女人味十足的套裝，遊走在白天的辦公室或夜晚的party裡。她們令男人羨慕、令女人嫉妒，她們因智慧而擁有風度，因思想而顯得容貌美麗。然而，這一切的背後是什麼？是孤獨的自我還是受傷的婚姻？對男人來說，他們真的希望女人沒有事業心嗎？真的害怕女人的事業比自己強大嗎？答案是否定的。

沒有事業的女人，每天重複那點瑣碎生活，就容易變得嘮叨、婆婆媽媽、小肚雞腸、目光短淺，衰老得比誰都快，男人當然不喜歡這樣的女人；但如果每天圍著工作團團亂轉，而放棄了娛樂休閒、戀愛婚姻，也是很瘋狂、很異化的。成了男人婆，誰看了不怕？問題的關鍵可以從不久前對四十三個國家三萬多名女性的調查中發現端倪，全球有75％的女性認為：取得工作和家庭間的平衡是最大的挑戰；其次是經濟獨立，佔55％；第三則是在工作上扮演重要角色，佔37％。如果左愛是傾心的工作，右愛則是幸福的家庭，怎麼樣才能同時擁有左愛和右愛，並平衡好它們的關係，才是擺在女人面前最大的問題。

1、事業，是一張保險卡

許多女人有一種心態：女人，做得好不如嫁得好。她們在盤算做女人到底是虧了還是賺了時；看到那些能力低下的男人在外界的壓力下，不得不裝模作樣地追求事業，而又總是失敗的難受樣子時，就暗暗慶幸，自己幸虧是女人。

可是事實上，女人嫁給一個有錢的八旬老頭能算是找到了愛情嗎？有的女人雖然花了整個青春用來追男人而得到了無數的金錢，但她們卻始終得不到或享受不到真正愛情的滋味。與之相反，有些女人雖然默默無聞辛勞了一輩子，也沒有聽她講過關於愛情的任何一個字眼，但她卻得到了真正的愛情和幸福的婚姻，她們算不算成功、快樂呢？

有些女人一旦結婚或者歲數一大，就放鬆了自己，認為自己反正是女人，天塌下來有男人頂著。所以，很多女人寧願躺在男人的臂膀上，過著平庸瑣碎的生活，葬送掉自己的聰明和才華。

太太曾經對我講起她一位女友的事。女友是一位頗具天分的畫家，剛結婚的時候，大家都羨慕她。她的丈夫在一所知名大學教書，高大英俊，白白淨淨，待人溫文爾雅，一副學者氣派。特別是對女友，真是呵護有加，關懷備至。女友要吃酸，他絕不做辣；女友要星星，他絕不送月亮。嫁了這樣的男人，女友很自然地荒廢了事業，放下了畫筆，一心一意經營自己的小家庭。

沒想到，幾年後事情完全變了樣，女友的丈夫被周圍的女人慣壞了，女學生們圍繞著他請教學問，女同事們圍著他誇獎他的風度，還有些不甚熟悉的女人也向他投以崇拜的目光。如此一來，丈夫飄飄然起來，彷彿生活在雲裡霧裡，不僅學業荒廢，而且逐漸懶惰，忘記了自己是誰，整天周旋於這些女人中間，甚至還金屋藏嬌，包養了一位小姐。此時的女友，已是昨日黃花，在丈夫面前失去了所有寵愛。但她為了挽留丈夫的心，為了維護家庭，依然忙裡忙外，天天茶飯伺候，唯恐做得不夠。可是丈夫不理不睬，根本不買帳，依舊如故，好像自己是一個房客，吃飽睡足而已，全然不把家庭當回事。不僅如此，他還不時地嫌棄自己的老婆，覺得她變得愈來愈俗氣，沒有「味道」了。女友無奈之下，主動找到了那位小姐，勸她放老公和自己的家庭一條生路。那位小姐倒也爽快，拿到錢後同意了，臨走時拋下一句話，讓女友大感意外。小姐說：「其實我根本就沒有想靠妳老公一輩子，我現在靠男人，是為了以後不靠。像妳們這樣的女人，才是習慣一輩子靠男人的。」

女友震驚了，那位小姐的話像是錘頭一下一下敲擊在她的心上。她離婚了，離開生活了幾年的城市，找出塵封已久的畫筆，重新開始作畫。很快，她聲名遠播，成為知名畫家，並成功舉辦了自己的畫展。

生活中，雖然大多數女人不會像柴契爾夫人一樣在世界政壇叱吒風雲，可是她們如她一樣幸運的是，身後都有一個好男人在支持自己。因此，不要再說「自己幸虧是女人」這種話，這種心態是最害人的。女人的魅力來自自信，一個自信的女人有可能發現天的廣闊、海的遼遠、世界的燦爛，如此，妳才會發現一個成熟的自我。

那天吃飯時，看見一個燙著鋼絲短髮的女孩，手裡夾著一個精緻的大皮夾，挽著男友的手臂，正緩緩地朝付款處走去。臨結帳前，她朝著男友大聲地問道：「還需要什麼嗎？」那人高馬大的男友害羞似地輕聲答道：「好了，好了，不要了，不要了。」只見那女孩「刷」地一下打開錢包，從一疊大鈔中抽出幾張來，瀟灑地遞給了收銀員。

不但女孩付錢乾淨俐落，結了婚的家庭主婦也在付款臺前盡顯風采。飯後，太太很自然地掏出皮夾，問我和孩子們：「你們還需要什麼？快去拿！」我拎著衣服，不緊不慢陪同孩子走出餐廳。這一刻，我注意到，並沒有多少人詫異我們的舉動。

如今社會，由女性主動付帳的場面在生活中漸趨增多。她們像一道亮麗的城市風景線，閃爍在商店、餐館及娛樂場所。在付款的一剎那，她們那筆直的腰桿、飛揚的神采，以及一份好工作的底蘊，使得她們渾身上下散發著獨立與自信的魅力，使人會情不自禁地朝她們多打量一番。她們不會感慨「自己幸虧是女人」，她們不是戀愛中小鳥依人般的女人，不會依偎在男士身旁，小手點到哪裡，男人付款付到哪。這種新潮獨立的女人與男人交往時，會採用各付各的或者主動為男人買單，難怪有女士高呼：「哇，現在這時代做女人真爽！」當然，這一切的背後是事業的支持，有了事業，她們的荷包才會隨著時代的脈搏一起跳動。她們的高學歷、高智力，正如男子一樣贏回了自己所應有的高薪資。如今職業女性外出辦事的那種自信，花錢的那種氣度，真是有「巾幗不讓鬚眉」之勢。有一日，我身體有恙，七十多歲的老母親瀟灑地駕車來看我，我不由得從內心大聲感嘆道：「媽，您那麼保守的人也學會開車啦！」誰知老母鏗鏘有力地回答：「我生不帶來，死不帶去，現在不用更待何時？」

老男人忠告

不是男人靠不住，而是婚姻並非保險卡。裘蒂．瑞斯尼克說，女人要青春、要魅力，要遇見好男人，更要有錢才會幸福。有錢，就不能沒有事業。

2、四等女人誰精彩

在上個世紀的最後一天，一位女性在報上描繪自己廿一世紀的愛情夢想：五十歲以前，我獨身！她說：「在我五十歲以前，在我有能力頑強地生存於這個紛繁蕪雜的世界之時，我希望——獨身。但是，一個愛我同時我愛的男人必不可少，這樣，當我在世上打拼而身心疲憊時，還有一個可以暫時停靠的胸膛，我可以在這裡緩衝內心的勞累，養精蓄銳。在他嘆息一聲面露倦容時，我可以付出火熱的激情與關愛——那是絕對真心的。五十歲以後，我將停止一切打拼，當然，身邊有個情投意合的伴侶是最好不過的了。」

獨身，卻要有愛情，聽起來確實很具誘惑。那一天，閒談中我又老生常談地勸一位獨身的朋友：「妳也該結婚了，別再蹉跎了。」她忍不住笑道：「是該結婚了，如果我是位男士，一定巴不得快點結婚，結婚後有人幫我洗衣煮飯、生兒育女，不用自己操半點心。可惜我是女的，結婚後我的薪水得補貼家用，不能再理直氣壯地亂花錢、吃零食、遊山玩水。同樣上班掙錢，回到家裡還得負責大半家事，嚐盡十月懷胎的辛苦，生下的子女卻要姓別人的姓，你說女人結婚有什麼好處？」

事實證明，在我們身邊獨身的職業女性愈來愈多，據國外一項資料顯示：在未來的二十年中，三十歲以上的單身專業女性將成為社會最具影響的中堅分子。

我不由得想起近來流行的一句順口溜：一等女人永不成家，二等女人靠人養家，三等女人家外有家，四等女人下班就回家。看來做為職業女性的朋友，不願做四等女人，不想成為圍著鍋臺轉的女人，所以她不肯結婚。不管她的觀點是否正確，先來瞭解一下四等女人，看看她們各自頭上頂著一片什麼樣的天空。

永不成家的一等女人。這類女人像我的朋友一樣，是都市白領佳人，她們有令人羡慕的職業，有時候被人稱為女強人，由於忙於事業或者難以從周圍找到與自己匹配的男人，使她們成了高高在上的孤獨一族，形單影隻。當然，她們的身邊不乏追求者，這些男人為她們帶來了慰藉，提供了方便，彌補了精神上的空虛。為了顯示自己的強人特色，她們甚至以金錢賜予這些男人。

靠人養家的二等女人。這類女人依靠姿色追逐錢財和安逸的生活，她們不喜歡工作，沒有事業心，卻有著強烈的虛榮心，對那些有錢或者心甘情願供之驅使的男人，踢出了臨門一腳，成為一隻被包養的金絲鳥，不管怎麼說，這類女人都是可恥的。

家外有家的三等女人。這類女人的情況比較複雜，可能由於在情感上得不到撫慰與滿足，導致家庭不和睦，所以她們紅杏出牆。不過，她們和男人之間的關係屬於感情溝通、心靈相濟，很少摻入金錢的因素。

下班就回家的四等女人。這類女人是傳統意義上的女人，相夫教子、持家有道，她們也許沒有太多的錢財，沒有太多的事業，但她們本本分分，沒有超出自己能力之外的虛榮心或者說野心，有的是對丈夫、孩子的愛。她們是丈夫的賢妻、孩子的良母。這樣的女人，如果丈夫不出現問題的話，通常會擁有一個美滿幸福的家庭，將婚姻進行到底。要是選擇妻子，相信絕大多數男人會選擇四等女人做妻子。

為什麼不願意做四等女人？除了朋友列舉出的種種「壞處」外，她們是否看到了做為四等女人的「好處」呢？做一個四等女人，容貌可能不漂亮，但是女人本色、妻子本色無論何時都是男人心目中最寶貴的美德。男人也許會一時昏了頭，被一等、二等甚至三等女人吸引，對四等女人不屑一顧，但是別忘了真正愛情的擁有者是誰。四等女人每天下班準時回家，無外乎下廚房、打掃、撫育孩子、陪伴丈夫，這是她們最大的「長處」，也是她們無與倫比的財富。

可是，一等女人最害怕四等女人的「長處」，她們追求自由的生活，沒有家庭，可以經常與狐朋狗友們相聚，天南地北地閒聊，可以感受著來自不同人群的關心和友情，不用患得患失擔心感情放錯了地方。與他人分享，快樂會變成兩份，分擔一個人的痛苦，痛苦會降低一倍。有福同享，有難同當，這種豪情哪是一個已婚女人所能擁有的？沒有成家，表示還有選擇的機會，愛情的紅綠燈在人生的十字路口閃閃爍爍，撩動心懷。「等待果陀」

的充實與自信，會讓她更加嚮往愛情。所以，她寧可讓心中瀰漫著希望，也不願承認處處暗藏的玄機。

其實，生活在喧囂的都市，職業女性承受著與男人一樣的壓力，朝九晚五的「緊箍咒」不是專門針對男人的，也束縛著她們的身心。為了自己的事業，四處奔波，費盡心機，她們也需要放鬆和調整心態的時間、空間，進而蒸發掉工作上的疲勞、焦慮。這個時段和地方在哪裡？沒有家的女人開始留出自己在公司以外的個性空間，一條熱鬧的街道，一間雅致的咖啡間，一處喧鬧的舞廳，一間醉意朦朧的酒吧，都是她們鍾情的去處。在這裡，她也許會孤獨一夜，也許會與知己好友度過一段沒有任何概念的時間。

從某種意義上說，這樣做會更好地調節身心，為明天注入新的活力和鬥志。然而，這樣的夜晚註定會寂寞，無愛的心靈註定要孤獨。回到住處，面對空蕩蕩的房子，會有多麼大的淒涼和落差？想必獨身的女人都有深深的感觸。

結婚，是複雜的事，也是簡單的事，每個獨身的職業女性都有平衡左愛和右愛的潛力。當我腦海中滾動著上面亂七八糟想法的時候，另一位已婚的女性朋友對著那位獨身女友叫了起來：「趕快結婚吧！結婚後就有人理所當然地聽妳囉嗦，半夜睡不著覺也無所謂，妳可以理直氣壯地把他推醒陪妳聊天，誰叫他是妳老公呢！」

「只為這一點好處，付出那麼大代價，值嗎？」獨身女友依然顧慮重重。

「值，怎麼不值。想想看，整個家由妳說了算，孩子得聽妳的話，老公得寵著妳，在家裡妳就跟女王一樣——當然幹活的時候得像個女奴，有辛苦的勞動才有豐碩的成果嘛。女人所要的，不過是安全感、歸屬感，要有人疼，不結婚怎麼得到這一切？」

獨身的朋友陷入沉默，其實，她並非不想同時擁有左愛和右愛，她擔心的無非是遇上一個事業、金錢都不如自己的男人，這樣一來，如何安撫他的男人心情，既不讓他感到壓力，又能讓他悉心支援自己的工作，讓婚姻充滿情趣，就成為一個大問題，成為一門需要費腦子的藝術。當然，她也有可能遇到一位處處能夠指引自己的男性精英，那時一切就另當別論了。

我恍然大悟：從這個意義上說，右愛因能激發左愛走向高處而顯得更加讓女人渴慕。偶爾下班不回家的女人，也是可以理解的，而且這樣的女人更有特質，傳統中結合了現代意識，同樣是「改良」了的四等女人。

老男人忠告

一個女人的孤獨，如果它是指一種生活狀態的話，很明顯意味著生活成本的昂貴。一臺電視，一個人看是看，兩個人看也是看，其間的差別，不過是為爭頻道而偶爾吵吵嘴而已。

3、要事業，更要生活

那天，電話突然響起，是那位徵詢我的意見要不要出國做總經理的女友。聲音聽起來與前次有明顯的差別，沒了猶豫和遲疑，多了自信和快樂。她高興地說：「我決定留下來。首先，我對自己的年齡很敏感，畢竟已經是四十多歲的人了；其次，做為一個女人，我渴望幸福和諧的家庭生活，我捨不得丟下老公和孩子。」

我由衷地祝福她做出了自己想要的決定。

她說：「多虧你那句『看妳想要什麼樣的生活』，提醒了我，讓我想了很多。這才讓我最終做出決定。」

我知道，一直以來，她對自己要求很高，有時候近似苛刻，她不斷追求自己的理想，事業心很強，總希望出人頭地。如今，她為了家庭放棄出國發展的機會，看來是經過了深思熟慮的。

不要以為職業女性就一定是女強人，她們需要事業，更需要感情。可口可樂的總裁迪森（Brian Dyson）有一個非常具體的比喻。他說：「想像生活是一個比賽，妳必須同時丟接五個球，這五個球分別是：工作、家庭、健康、朋友以及精神生活，但妳不可讓任何一個球落地。妳很快就會發現工作是一個橡皮球，如果它掉下來，它會再彈回去，而其他四個球：家庭、健康、朋友以及精神生活是玻璃製的，如果妳讓這四個球其中任何一個落下來，它們會磨損、受損，甚至會粉碎，而一旦落下，它們將不再和以前一樣。」

女人，在一個家庭中的位置有多麼重要呢？她是家庭的CEO。對她來說，丟接五個球的任務會更艱巨。只有尋求平衡，才能保證每個球都不落地。必要時，犧牲橡皮球也不能弄掉玻璃球。所以，她們要愛事業，更要愛家庭和生活。雖然妳無法掌控生命的長度，但可以開拓它的廣度，盡最大努力讓生命的每一分鐘都精彩，無論家庭還是事業，這樣的女人，想必是魅力無限的。

要事業，更要生活，這樣的女人會吸引那些不是太風流，也不會太老實的男人。風流倜儻的男人固然吸引人的目光，可是他們通常交遊廣闊，情史複雜，喜歡吃著碗裡看著鍋裡，這樣的男人，怎不叫人提心吊膽？還有一些男人，人倒是老實聽話，可是他們對女人不甚感冒，談戀愛像是完成任務，既不會甜言蜜語，也不會獻花獻吻，這樣的男人，豈不是索然無味？介乎風流和老實之間的男人就不同了，他們懂得體貼女人，又給人踏實穩重之感，有這樣的男人愛著，真可算幸事一樁了。

要事業，更要生活，這樣的女人所嫁老公大多不會太有錢，也不會太沒錢。財大氣粗的老公，人倒也不一定花心，可是誘惑太多，防不勝防。這樣的老公，妳看不住、抓不牢。

而老公兩袖清風更不行，愛情的美好可經不起貧窮的蹂躪。如果你們倆都沒錢，那麼貧賤夫妻百事哀的日子，也就指日可待了。如果妳有錢，他沒錢，那就更糟，男人高貴的自尊往哪裡擱。一天兩天還沒什麼，如果狀況一直不能改善，老公必定心理失衡，怨天尤人。就等著吃不了兜著走吧！

總之，懂得生活的女人，既積極進取，又達觀知命。在苦難時堅強，歡樂時謹慎。知足知不足，有為有弗為。而幸福，也就在這種不偏不倚中水到渠成了。

對她們來說，要生活，就不能太奢侈，不必太吝嗇。有些女人，一拿到薪水就花光，然後開始哭窮，好像誰欠她幾百萬似的。一會兒揮霍無度，一會兒窮困潦倒，這是何苦，又怎麼能打理好一家人的生活用度！一毛錢的積蓄都沒有，肯定無法拿出什麼以備不時之需。所以，學會過日子，還是比較實用的生活方法。今朝有酒今朝醉，總不是過日子的長久之計。當然，也犯不著為了省錢就做一名守財奴，俗話說的好，錢財乃身外之物，賺了就是為了花的，要不然賺錢幹嘛？該吃的不吃，該穿的不穿，不但委屈了自己和家人，也會讓人覺得沒必要為事業奮鬥了。

要生活，就不必整天打扮，不可不修邊幅。有些女人為了美麗，不惜重金購置化妝品、服飾，將自己打扮得花枝招展，可是對家庭不聞不問。殊不知，過分地打扮並非熱愛生活的表現，反而讓人覺得妳沒有將心思投入到家庭中。這樣的話，妳的家庭、妳的男人註定對妳不滿。與之相對應的是，有些女人一結婚生子後，就開始邋裡邋遢，不再保養皮膚，也不做什麼健身運動，甚至穿著隨便地到處亂跑。不是歲月和生活偷走了女人的美麗，而是她自己放棄了美麗。

老男人忠告

事業只不過是生活的一部分，成了男人婆，別人看了怕怕，自己也累得憔悴。

4、為家庭理財

何麗玲八歲時，祖母丟給她一本帳簿，教她如何記帳。帳簿裡有二百多個互助會名單，何麗玲，這個只上國小二年級的小女生，從此跨出了理財的第一步。多年後，當她在職場和情場上都取得成功時，她很感激祖母對她的早期訓練，她說：「我很小就明白，美貌和理財是女人一生最重要的事。」她提到她的祖母告訴她：「女人讀書成績差一點沒關係，但是一定要懂得理財。」

何麗玲告訴女人們：「女人能年輕多久？可以無憂無慮多久？身為依賴成性的女性，有時候我們該思考，如果有一天發生意外狀況，我有沒有能力自給自足？總有一天我們必須靠自己想辦法過日子，只有自己才能保障自己的未來。」因此，女人要有錢，並不是要追求享樂，而是生命的尊嚴。她說：「如果女人懂得理財，懂得獨立，人生就是妳的，女人無法在廚房中要求獨立，學會理財才是追求獨立自主的基礎。」

很多女人結婚後，發現兩人加在一起的收入多了，可是能夠自由支配的錢財卻少了，於是不可避免的產生很多矛盾，影響到兩人的生活和事業。

幸運的是，我有一位懂得理財的太太，這讓我們避免了很多家庭糾紛。我和太太婚後，有一段時間，她沒有外出工作，但她並沒有因此在財務問題上唯我是瞻。早在結婚前，她就明白理財的重要性，所以一結婚就與我共同制訂了一個理財方案，兩人財務公開。她每月都有開支方案，將生活必需品和非必需品都列在上面。然後，將所有開銷的憑證都保存好，月底核對一下。這樣做一來可以避免夫妻間的分歧矛盾，二來能有效地節約開支，所以我支持她的做法。

在總體預算、總量控制的理財觀念指導下，太太沒有花錢買一輛普通的、並非理想中的車，而是選擇坐捷運、搭計程車外出。當時很多人對她的行為不解，認為她太吝嗇了，對她報以非議。可是她很坦然：「車在不斷貶值，養車的消耗也很大，我會花錢買房子，但不會去買既不能達到我的要求，又在時間變化下不斷貶值的東西。」相對於當今社會的一些「房奴」、「車奴」來說，她的主張顯然更為理智。

太太做新聞工作，認識很多圈子裡的人，看到她們出入高級酒店，動不動出國購置服裝，對此她也不以為然：「時尚不是每天都去五星級酒店，去法國或義大利買衣服。」人們也許不知道，她最貴的衣服竟然不足萬元。

有一次，幾位朋友相聚，談起對服裝的看法，她很自然地說：「我對衣服的要求就是每個季節的都能夠每件穿一遍，這樣就足夠了。如果碰巧還能出席一些重要的活動，那就賺到了。」

太太喜歡改造自己的服裝，有時候還能自己製作一些手工藝品。參加一次大型活動時，有位貴夫人看到她別致的項鍊，不禁問道：「妳從什麼地方購買到這條項鍊的？」

太太笑著回答：「這是我自己做的。」言語間難掩女人天生對自己藝術創造能力的自豪。

「我是家裡的財政大臣，」太太常常說，「掌管好家裡的開支，保障全家能夠在有限收入的情況下，過著無憂無慮的日子，就是我最大的心願。」

有幾次我覺得生活過於簡樸了，提出了一些消費開支。她說：「會理財並不代表窮酸。我可以花最少的錢買最好的東西，只要精準預算，就能讓我們過得很得體。」為了更好地打理家庭財富，她還會對銀行裡的理財產品稍留意一些，對於分紅型保險、基金也有所瞭解，並定期向專業人士諮詢。因為這方面收益很少，很多人會問她：「這麼點錢有什麼可賺的？」但她本人卻不以為然：「既然能賺一點，為什麼不去賺呢？」

在太太精心打理下，我們的家庭財富有了穩步提升。有一次我開玩笑問她，如果有一千萬的話，會怎麼支配這筆財富。她思考了一會兒就有了規劃：用一百萬買輛自己喜歡的車，剩下的錢會去投資、做慈善。

理財，不是簡單地記錄家庭開支，而是女人一生中重要的一項事業。學會理財，有一天，當妳遇到很棘手的事情需要用錢的時候，妳確保自己可以不用求任何人。經濟平等對夫妻感情的影響很大，最好別出現「我賺錢多，應該聽我的」，或「這次我付帳，你別管」等情況。這項事業做好了，照樣會獲得了不起的收穫。

老男人忠告

女人要學會理財，不要成為只會花錢、沒有大腦的代名詞。當丈夫滿懷信心的把薪水交給妳的時候，妳就應該認真的負起這個責任。不要小看一分錢，不妨自己去掙掙看。

5、事業需要責任心

2002年，我去北京投資，有家電臺安排了我的訪談節目。其中一位女主持人，當時正在留學，沒有累積多少訪談類節目的經驗，也沒有做充分的準備，她上來問道：「聽說你喜歡吃北京烤鴨，你來到北京後吃了幾隻啊？」此話一出，全場爆笑。

這件事給她很深的刺激。後來，她多次與我聯繫，為那件事很感難為情，並訴說了自己工作中的種種壓力和困惑。她說自己一面要照顧家庭，一面還要努力工作。在各種壓力和矛盾下，她感到焦慮、緊張、壓抑和憂鬱。看到很多女性能夠按時上下班，可以在固定的時間定期做美容，可以陪著老公、孩子去遊玩，她特別羨慕。

我告訴她，有序的生活讓人嚮往，這一切取決於妳是否按時完成了工作，而按時完成工作，需要合理的計畫。計畫可以避免重複工作，減少錯誤出現，使工作順利，讓妳在下班時可以大聲對自己說：「下班了，可以休息了。」如果缺乏合理的計畫，這一切就都是海市蜃樓，想必會加重精神負擔。

她接受我的勸告，在第二次訪談時，顯然做了充分準備，進行得非常順利，自然沒有出現「吃了幾隻烤鴨」那樣的問題。耕雲先生有句名言：「活在責任和義務裡。」他提醒我們，每個人都是社會的一分子，應該對社會負責；每個人也是家庭的一分子，也應該對家庭負責。那麼，每個職員都是公司的一分子，同樣要對工作負責。

負責任是女人魅力的表現，是做事業最重要的心態之一。2000年時，公司需要招募幾位女秘書，我親自參與招募工作，並選擇了一個面試題目：

有十個孩子在鐵軌上玩耍，其中九個孩子都在一條嶄新的鐵軌上玩，只有一個孩子覺得這可能不安全，所以他選擇了一條廢棄的、鐵銹斑斑的鐵軌，並因此遭到另外9個孩子的嘲笑。

正在孩子們玩得專心致志的時候，一輛火車從嶄新鐵軌上飛速駛來，讓孩子們馬上撤離是來不及了，但是，如果妳正在現場，就會看到新舊鐵軌之間有個連接卡，如果妳把連接卡扳到舊鐵軌上，那麼就只有一個孩子失去生命，如果不扳，妳就只能眼睜睜看著九個孩子喪身在車輪下。現在，火車馬上就要駛過來了，妳該怎麼辦？

看得出，每位女應徵人聽了題目，都很為難，她們低語：「這太難了，太難了……」不管多難，問題總要解決。最終，大部分人選擇了扳連接卡，理由很簡單，犧牲1個總比犧牲9個強。

只有一位應徵者做了相反的回答，她堅定地說：「不扳。」我問她為什麼。她含著眼淚說：「不能讓一個無辜的孩子承擔九個人的過錯。」

我決定聘用這位女性，在現實工作中，真理不一定掌握在多數人手裡。很多人缺乏對事物正確的判斷，只會盲從，做了錯誤的選擇。處理問題，應該以對錯做決定，不能以人數多少做決定。做錯的人必須承擔過錯，對自己的行為負責。

負責任的女人知道，昨天不過是作廢的支票，明天是尚未兌現的期票；唯有今天才是現金，才能隨時兌現一切。女兒大學畢業後，在一家貿易公司上班。沒想到上班短短幾天時間，她就回家訴苦，說自己不想幹了。我問她原因，她說了公司的情況。原來女兒在公司任人事助理，一開始她非常賣力地投入到工作中，總想著做出點成績。然而，公司事務繁多不說，還有三個經理管事。所以，她每件事都要向他們一一彙報，如果漏了哪一位，那可是吃不了兜著走。

偏偏女兒在這時出了差錯。有個協會邀請總經理前去開會，當時總經理不在，女兒就向一位經理做了彙報。可是，這位經理根本沒把這事轉告總經理。第二天，總經理對著女兒發脾氣：「這點小事都做不好，能做什麼！」

女兒生氣了，思前想後，覺得自己在這裡沒前途，還不如一走了之。

我沉思片刻，對她說：「妳可以離開公司，可是我覺得妳不應該現在離開。妳想妳要是現在走了，只能說明妳自己做得不好，被人炒了魷魚。要我說，妳應該再給自己一天時間，做好當天的工作，證明給他們看。然後再走也不遲。」

女兒接受了我的建議。不過，第二天她又出了差錯，把經理批閱的文件擺到了總經理的桌子上，自然又招致總經理不滿。女兒不服。可是第三天，她在發送的傳真中竟然打錯了一個字。第四天，通知部門經理開會時，有位經理臨時外出，女兒又把他漏掉了。

十幾天過去了，女兒一直在跟自己較勁，她說：「我就不信做不好一天的工作。」皇天不負苦心人。這天，女兒順利地做完了當天所有的工作，一點紕漏也沒出現。下班前，總經理把她喊到辦公室，誇獎她說：「工作進步很大，好好幹，公司不會虧待妳！」

女兒回家跟我說了情況後，我問她：「妳還想離開嗎？」

「我幹得好好的，為什麼要離開？」女兒好像忘了十幾天前的事了。

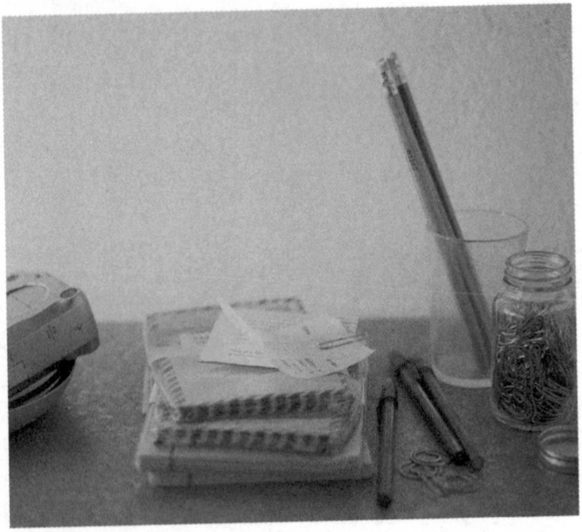

回避現實是一種流行疾病，該工作的時候不好好工作，該休息的時候又不好好休息，她們以為犧牲現在可以贏得更好的未來，這是極不明智的想法。著名女作家托妮·莫里森

少女時為工作發牢騷，她父親教育她說：「只管去工作就行了，然後拿著錢回家來。記著，妳並不在那兒生活。妳生活在這裡，在家裡，和親人在一起。」莫里森從中得到四條經驗：無論什麼樣的工作都要做好，不是為了妳的老闆，而是為了妳自己；把握妳自己的工作，而不讓工作把握妳；妳真正的生活是與妳的家人在一起；妳與妳所做的工作是兩回事，妳該是誰就是誰。最重要的是，不要去看遠處模糊的，而要去做手邊清楚的事。

老男人忠告

負責任是女人魅力的表現。誰都擔心出錯，誰都下意識地希望自己不要犯錯，這是因為誰也不想承擔責任。可是，錯誤不可避免，責任總要有人去擔。不要以為垃圾桶離自己遠，就可以把冰棒隨地亂扔。能夠對自己的言行負責，對自己的過錯負責，說明她們能把握自己的行為，做自己的主宰，她們是成熟的。

6、懂得調整心態

我曾受邀為一個模特兒大賽做評審，與我同時擔任評審的還有兩人，其中一位是名不太熟悉的女演員。沒想到，這次評選讓我對她產生了極深的印象。

她很認真地觀察每位選手，仔細地與我們商討選手的情況，並為他們打分數，然後，我們將評選的結果交給主持人。

幾分鐘後，主持人宣布結果。

讓我們大吃一驚的是，結果居然不是我們選的那個！我不由得想起暗箱操作之說，心想，這次比賽肯定有人在幕後操作。

就在我沉思間，那位女演員突然站了起來，拿起麥克風說：「很抱歉，這個結果不是我們剛才評選的那個。」此言一出，全場震驚。就聽女演員繼續說：「選手們都是千辛萬苦地來比賽，到最後關頭卻是這樣的結果，我想他們會很委屈的。做為評審，應該有自己的良知，我不想欺騙觀眾，不想做昧著良心的事。」

我深深地低垂著腦袋，感覺自己彷彿高山腳下的一粒灰塵，那麼卑瑣，那麼渺小。我記住了女演員，記住了她真實的個性。此後，當有人問我做事的根本是什麼時，我回答：

「誠實的心態！」

有一次，身為醫院院長的同學給我講了一個故事。他們醫院有五位女實習生，工作能力不相上下，可是醫院只能留下一人，為了競爭這一職位，實習生們各展神通，彼此較量，互不相讓，這讓他非常為難。

這天，醫院下了一個緊急通知，要她們參與救治一名待產婦。五名實習生急匆匆上了救護車，在院長親自帶領下趕往產婦家中。五人都很緊張，向院長打聽產婦的情況。院長說：「這名病人的情況很特殊，讓妳們一起來，也是想給妳們一次學習的機會。」

轉眼來到產婦家，眾人七手八腳將產婦抬上救護車，才發現一個問題，車上沒有空的位置，無法讓產婦的丈夫上車。大家知道，產婦到達醫院肯定要進行搶救，她老公不能不在身邊。她們不由得把目光一起轉向院長，院長正在低頭檢查產婦，頭也不抬地說：「快開車！」

緊急關頭，一位叫阿梅的實習生從車上跳了下來，她對產婦的老公說：「你快上去。」

救護車風馳電掣地走了，阿梅氣喘吁吁地趕到醫院時，院長攔住她問：「這是一次難得的學習機會，妳怎麼跳下了車？」

阿梅擦著額頭的汗珠說：「車上那麼多醫生、護士，缺了我照樣搶救。可是病人的親屬不在，可能會影響搶救。」

幾天後，阿梅獲得了職位。幾天前的那次搶救，正是同學為選擇合適人選所出的主意，是對5位實習生的一次測試。而我想說的是，以後無論走到哪裡，不管從事什麼職業，都要記住，天使能夠飛翔，是因為把自己看得很低。

老男人忠告

種瓜得瓜，種豆得豆。種下什麼樣的心態就會收穫什麼樣的事業，世界上無數人才能平平，卻靠著積極、誠實的心態事業有成。

7 當婚姻開始乏味時

古往今來，無數思想家、哲人、詩人，用盡了地球上可以開採的一切美麗的語言讚美女性，謳歌女性——因為她們是母親，母親用乳汁哺育著世界。在人們的意識深處，母親是女性的必然歸宿。但是在今天，女性已經有了更多的選擇，她們可以選擇不結婚不生孩子；也可以選擇結婚，但不要孩子；還可以選擇不結婚，但是要孩子。她們向傳統觀念提出了挑戰：女人與母親之間不再畫上等號；孩子與婚姻沒有了必然的關聯……

我有一位單身女性朋友，四十歲了，一直沒有結過婚。她每天閱讀書報，上網瀏覽新聞，做健身運動，與朋友們友善往來，和情人保持恰當的距離，過著精緻獨特的生活。不少朋友勸她早一些「從良」，不要等到真的成了「十月薺菜」沒有人要的時候，就難辦了。可是她有一套自己的愛情觀，說「女人天生一枝花」，不是你的花就是他的花，沒有年齡的限度，碰上了，不美的也是花，碰不上，寂寞開無主也是花。

我不由得記起小說《對面》裡的女主人，她事業有成，同時還要照應三個男人：在外地的丈夫，英俊的情人，粗俗的小開。怕被拆穿，費盡心機安排時間表。各取所需，各奉所有。比起我的獨身女性朋友來，她活得可謂累心。

朋友曾經對我多次炫耀過一件事。她力勸一個患頸椎病的同事，每天早晨做一刻鐘的健身操會很好的。同事睜大雙眼說：「天不亮就得爬起來，又是做早點又是招呼孩子上學，忙得前仰後翻，哪裡有時間！」

對此，朋友很是得意了一段時間，她慶幸自己有一個肆意而且是一天中最好時光的清晨。一個單身女子的清晨，可以慵懶，可以悠揚，可以昂揚激烈鏗鏘有力，也可以不疾不徐如歌行板。她說，只為這愜意的清晨，我們該為獨身的日子喝彩！

當代女性已經有了更多的選擇，她們可以選擇不結婚不生孩子，做一名「單身貴族」。「單身貴族」這一稱呼和幾十年前相比，明顯帶有讓人羨慕的色彩。然而，獨身對女人的殺傷力是強烈的，它是一把軟刀子，不知不覺地就改變了一個女人的性格、性情甚至是血性。

她們也可以選擇結婚，但不要孩子，加入「頂客」一族。然而，不做母親，是不是在逃避責任？女性的價值會不會大打折扣？在過去，女人是無法拒絕做母親的！

她們還可以選擇不結婚，但是要孩子，做一名單親媽媽。

……

到底是「我把個人價值置於家庭之上」正確呢？還是「一個女人可以什麼都沒有，唯獨不能沒有孩子」更符合人性？

1、尋找自己的後花園

獨身的朋友新搬進一棟自己買的房子裡，有了完完全全屬於自己的空間，就跟有了家似的。雖然家和房子完全是兩個概念，但她還是說：「在自己的房子裡，實在是一種幸福。」就這樣，她進入了真正寧靜的一人世界。清晨睜開眼，在音樂聲中慢慢起床；夜晚降臨，靜聽蟲鳴風聲，真是神仙一樣的日子。

她對我談起自己的各種感受，不是一個「好」字了得！她說，她第一次知道自己這麼能幹，獨自面對世界，她覺得這才是真正的獨立。回家沒人說話，對她來說不感到寂寞；面對遇到的問題，還不斷給自己加油打氣：「我行的！」

忽然一日，所有的美好轉變成了一種災難，她打電話過來，聲音悽慘地說：「我想要結婚，我想身邊有個人，有個真正的家，有個孩子！」

原來她生病了。其實，身體的難受算不了什麼，令人難以忍受的是身體上的不適造成的心理上的懦弱。她病在小屋裡兩天沒起床，可是她的情人一個也沒有來看望她。晚上，她硬撐起來為自己煮雞蛋。突然，停電了，小屋一片漆黑。黑暗中，她簡直感到絕望，這麼多年來第一次感到獨自一人走不下去了。

我知道，在她表面宣揚自由美好的日子裡，背後早就隱藏了一個巨大的深淵。搬進新居後，最初的新鮮感沒有了，孤獨成了唯一，她頻頻地邀請朋友共進晚餐。屋裡有人，不管是大人還是孩子，總給人心情躍動之感，沒人，心情只能往下沉。過去她不愛看電視，可是她現在有事沒事就會打開看看，不為別的，就為聽聽裡邊人物的說話聲。獨身對女人的殺傷力是強烈的，它是一把軟刀子，不知不覺地就改變了一個女人的性格、性情甚至是血性。

我過去安慰她，說：「等妳能大口地吃著可口的飯菜、到處找朋友玩的時候，妳的想法又會改變。」

她默然，生活方式純粹是一種個人趣味與愛好。

各式各樣的生活方式都有利，有的幸福在她自己身上，將來會怎樣，她不知道。但這次她說：「如果有一天，我的生活中出現了那麼一個人，我愛他，他也愛我，我會毫不猶豫地跟他結婚。」

看來，獨身有時候也是一種災難。

女人獨身，不外乎兩種情況，一是像我的朋友一樣，並不是永遠獨身，只是大大地延遲結婚的時間罷了；第二類單身的女性是從婚姻中離異出來的。對這兩種女人來說，要嘛對愛情寄予了太多幻想，要嘛婚姻對她們而言已變得乏味，乏味的意思在這裡是說，她們對婚姻失去了信心和希望。是啊，世上難有集完美於一身的男人，也沒有幸福如蜜糖的婚姻，看慣了分分合合，聽多了打打鬧鬧，想必觸動了女人敏感而脆弱的心靈。實際上，單身女人往往是些害怕負責任、不願意面對現實壓力的人，多半缺乏自信心，而且常常被寂寞和不安所困擾，這恰恰是人格不健全的典型表現。

就男女兩性而言，女人似乎更愛相依相伴，男人更愛天馬行空。所以，女人並不比男人更容易在情天愛海中泅渡到單身境界裡享受人生的美好。我身邊有不少單身女人，從她們身上很能體會到單身帶來的各種災難。這種災難雖然不同於自然災害，但絕對是命運的戲謔，特別是對一個渴望愛情、希望與人相伴走過人生旅途的人來說。

我有理由相信，許多單身女人已經感受到了這種「災難」以及它所帶來的後果，只不過她們不願意承認，因為生活中我們需要維持現狀的理由。而我如果不是有了比較也不會如此一針見血。

前幾天，一個電視娛樂節目採訪了一位著名的女服裝設計師，此時的她剛剛做了媽媽，一臉的幸福蕩漾。

鏡頭採訪到她的導演時，導演說：「她結婚以後改變很多，像換了一個人。」

設計師的媽媽也說：「她結婚以後變得溫順了。」

而她的好朋友更是無限感慨地說：「她讓我更堅信自己一定要結婚，而且要當媽媽。你們都不知道，她以前總掛在嘴邊的是『結婚幹嘛？要孩子幹嘛？』現在她變了，完全是另外一個人，身上不再有以前那種漂浮不定的感覺。」

婚姻能使一個暴戾乖張的女人變得溫順，婚姻能使一個堅強的女人變得柔軟，婚姻還能使一個黯淡無光的女人綻放美麗。

多年前，曾經在大學校園裡看過一位女歌星的演出，用「形容枯槁」一詞說明當時的她一點也不為過。但是，自從她結婚後，一次又一次當媽媽之後，我們眼前看到的不僅是一個漂亮女人的形象，還有幸福媽媽的指標。她身上散發出的幸福快樂能感染任何一個人，特別是讓女人們豔羨不已。

如果愛情是女人的一劑美容良藥，那麼婚姻就是女人的後花園，孩子就是花園裡繽紛的鮮花。「良藥」帶給女人的是容光煥發、青春依舊，「後花園」給女人帶來的就是心理上的安詳自若，而鮮花給女人帶來新鮮的氣息，還有意想不到的快樂。誰都知道，心理上的安詳和快樂對一個女人是如何的重要。

所以，如果妳不是一個頑固的單身主義者，那麼祝福妳趕快找到屬於自己的「後花園」，栽種屬於自己的花朵！因為，獨身女人像一匹脫韁的野馬，但總有「倦鳥知返」的時候，女人大都渴望有一座美麗的「後花園」相伴一生，有一片屬於自己的鮮花去澆灌。

老男人忠告

不論在任何時代，孤獨儘管可能是美的，但都不是主流意識形態，而改變它卻是永遠的主流意識形態。偶爾享受一下孤獨是一種調劑。如果用成本的觀點來審視，孤獨應該說是一種非常不划算的選擇，特別是當妳準備走出孤獨的時候。

2、孩子，讓婚姻更和諧

有對年輕夫妻經常吵架，女人嫌男人不顧家，打也打了，罵也罵了，可是還是無法改變他。傷心之餘，分手的念頭一而再地閃現眼前。不知不覺間，兒子到了讀書的年齡，忽然間，男人像變了個人似的，再也不出去玩了，甚至連生意都交給別人打理，一心放在孩子身上。

這日，又為了一件小事，女人忍不住氣憤，分手之語脫口而出。男人就一句話：「孩子給我，其他隨便妳。」

看他不溫不火的樣子，女人噗哧樂了，心裡舒敞了很多。

孩子是夫妻之間的紐帶，是家庭的潤滑劑，這句話早已不再陌生。當兩個人的世界開始乏味的時候，有了孩子，夫妻就有了更多的共同話題，就又有了奮鬥的目標，否則，結婚就像童話故事的結局：王子和公主幸福地生活在一起。後面是怎麼幸福呢？兩個人天天面對面可以年年月月感受幸福嗎？幸福的時間長了，人會麻木的。家庭中有了子女，這樣才可以給家庭帶來健康的衝擊。

對現代人來說，生孩子早已不是「傳宗接代」的代名詞，不管有無準備，不管年齡大小，有孩子的家庭，大部分是利大於弊的。

如果沒有孩子，對伴侶的瞭解程度就僅限於戀愛時的那種程度，但是孩子出生後，看著他成長，彷彿看著自己的伴侶小時候的成長經歷，他兼有著父母各自的特徵，在小孩的氣質裡、相貌裡、性格裡，看到了伴侶更可愛的一面……

在帶小孩的過程中，出現一次又一次初為人父母的難題，煩惱過、爭執過，問題漸漸解決了，一家人的關係會更融洽。很多時候，孩子在不知不覺中充當夫妻衝動行為的「降溫冰塊」，是他們使自己說話、做決定的時候慎重考慮。

我想起結婚之初，當我們的事業直線發展時，太太意外懷孕。她擔心生孩子影響工作，我出主意說：「沒關係，孩子生下來交給父母照顧，不會影響什麼。」

十月懷胎，一朝分娩，太太生下個男孩。她母親接走了孩子，我們繼續忙著拼事業，大約一週回去看望孩子一次，不過隔的太遠，很多時候，一兩個月也見不到孩子一面。

轉眼間兒子三歲了，我們把他接回來送到了幼稚園。由於工作依然很忙，只好雇保母照顧、接送孩子。有一次，保母來接兒子，他卻說什麼也不回去。保母無奈，只好給太太打電話給太太。太太在電話裡對兒子說：「寶貝聽話，媽媽很忙，你先跟阿姨回家，媽媽忙完了就回去。」兒子哭了，斷斷續續地說：「我要媽媽接，媽媽不來，我不回去。」媽媽耐著性子問：「為什麼呀？以前不都是阿姨接嗎？」兒子哭得更厲害了：「小朋友都是爸爸媽媽接，為什麼你們不來接我？小朋友說，爸爸媽媽不要我了，所以不接我。」

這件事給我倆很大震驚，我們覺得自己關注孩子的時間太少了。此後，對孩子的關心多起來，可是事業所累，我們很快就忘記了這件事，再次撇下孩子，投入到事業中去。恍惚間，十年過去了，我們的事業得到很大發展，兒子也由懵懂頑童成長為翩翩少年。這天，正當太太準備去法國考察，忽然接到老師電話：兒子好幾天沒有去學校了。太太大驚，慌忙給遠在國外的我打電話，並追問保母：「這幾天到底出了什麼事？」保母嚇得直哭，說兒子已經幾天沒回家了，她一直在努力尋找，卻不敢告訴我們。

我們扔下所有工作，動用所有力量尋找兒子，終於找到了躲在外婆家裡的兒子。我們抱著兒子哭訴：「兒子，你說走就走了，連個招呼都不打，這樣太不負責任了。」

兒子頂撞說：「你們生下我卻不管我，也不管家，你們才不負責任！我要住在外婆家，我再也不回去了！」

這句話如當頭棒喝敲醒了我倆，我們意識到問題的嚴重性。經過一夜長談，我們決定為了兒子和家庭，輪流在家陪伴照顧兒子，期限為每人三個月。第一個三個月由媽媽負責，她推掉了所有業務，只在家裡做些家事工作，每天接送兒子，監督他學習，還定期到學校拜訪老師，帶著兒子參加一些有益的活動。三個月很快到了，兒子開朗了許多，家庭中充滿了歡笑。第二個三個月時，我也和太太一樣，推辭了工作，專心在家看顧兒子。此時正好兒子放暑假，父子倆一起睡懶覺，一起出去吃早餐。回家後，我們一起下棋，輸了就幫兒子做一頁暑假作業，兒子輸了就幫我到樓下運種花的泥土。每天晚上，父子倆一起動手做點心，等待媽媽回家。我們談了很多，我發現兒子長大了，有了很多想法和困惑。假期結束前，我們一起到阿里山出遊，並在那裡相約下一個三月期限。

在輪流照顧兒子的過程中，我們不但找回了與兒子之間的親情，還學會了享受生活的樂趣。我們覺得婚姻生活比以前輕鬆快樂了很多。兒子，成了家庭生活的潤滑劑。

孩子不是婚姻的附屬品，不是婚姻的累贅，更不是夫妻實現自己願望的工具，從降生甚至在母親體內孕育的開始，他已經開始融入夫妻倆的生活，是他使得夫婦更成熟，相互更瞭解，是他們看到了另外一個繽紛多彩的世界。因此，不要因為工作淡忘了孩子，盡可能抽出時間陪伴他，與他在一起，夫妻之間會產生一種全新的感受，使得你們的家庭生活更加有趣味。

老男人忠告

孩子是家庭關係的紐帶，這種凝聚力無可替代。家庭又是孩子的第一課堂，什麼也不能取代一個快樂的家庭氛圍對孩子的成長作用。無論多忙，無論多麼煩惱，做為母親，都留些時間給孩子，聽聽他們成長中的煩惱。

3、孩子是父母的天使

一位有名的女作家，三十歲以前，日夜寫作，沉醉其中，幾乎忘掉了自己是個女人。鄰居和親朋好友異樣的目光和婉轉的提醒都不能動搖她不要孩子的決心。她說，她怕生孩子的疼痛和鮮血。甚至指責蒼天不公，為什麼不讓男人生孩子？

三十歲生日的那一天，我去參加她的生日聚會。沒想到，她沒有因為新添皺紋而感傷，唯一與我們交談的話題竟是：如果我現在生孩子，已經是高齡產婦了吧？她突然對一切都提不起興趣，朝思暮想要一個孩子。

我們身邊不乏類似的故事。有位著名主持人，婚後選擇了「頂客」生活。她認為孩子妨礙夫妻兩人生活，給大人造成負擔，給自己的事業造成影響。孩子長大又不會回報自己，甚至還要自己為他操心，管束他，所以生小孩壞處多多。況且她又不會照顧孩子，自己前途還不知怎樣，把孩子帶到這個世界，可能是給大人和孩子一起帶來了痛苦，更加上萬一婚姻有變，孩子豈不成了最大的受害者。算來算去，還是不要孩子較好。

當然，她的這種選擇不是輕鬆的。不做母親，是不是在逃避責任？女性的價值會不會大打折扣？社會和家人會不會把自己視為另類？一道道關口橫亙在她們面前。四十歲以前，她頂住了這些壓力。可是四十歲以後，情況發生了變化。

她打算收養一個棄嬰，家人不太同意，她盡力說服他們：雖然收養孩子要花費一些時間和精力，但我認為是值得的，我現在愈來愈喜歡小孩了。原來我見到一些人對做父母特別癡迷，我不太理解，原來他們是想親手創造一個生命，按自己的想法培養造就他們，從中獲得樂趣。現在我能夠理解了。她還拿自己認識的一位有名的女演員當例子。那名演員在多部影視作品中飾演母親，深得觀眾喜愛。當她決定要一個自己的孩子時，她說：「雖然我演了很多母親，但我沒有真正體會過做母親的感受，總是演起來比較表面。相信有了做母親的經歷後，我一定會演得更好。」孩子，會讓女人做的更好！

不知道女主持人是否如願，我的那位作家朋友倒是真的生了個女兒。我和太太去探望她，看她一臉幸福的表情，與從前真是判若兩人。她欣喜地跟我們講述有了女兒後的種種變化：

孩子的誕生使他們的夫妻關係有了階段性的變化。老公不是更愛她了，而是更愛家了，每天忙裡忙外，忙得不亦樂乎，稱呼兒女為「小天使」。難以想像昨天他們還是彼此完全不同的兩個人，今天，他們有了共同的存在——一個活生生的小寶貝。小寶貝的出生讓他們更加親近，更加瞭解，讓婚姻多了實質性的內容。朋友笑著說：「要想離婚，現在比去年困難多了。」

朋友慢慢意識到，自己不但和老公的關係發生了變化，和所有人的關係都在調整著。首先是陌生人，尤其是孩子。坦率地說，過去她對孩子並無多大興趣，可是現在就不一樣了，走在大街上，她經常被別人的孩子吸引注意力，只要發現孩子摔倒了，她幾乎是本能地就衝過去將他抱起來。無論是漂亮孩子還是醜陋孩子，無論他們潔淨還是骯髒，也無論他們是乖巧還是調皮，她都樂意和他們說話，樂意和他們交流。

不僅如此，自從有了女兒，她開始喜歡所有幼小的動物，並經常向我和太太探討這方面的問題。漸漸地，她的寫作風格變化了，作品更加自然，表現了一種真正的生活狀態。她說過去的寫作太做作了，自己竟然不知道。孩子帶給了她生命的新鮮感，獲得了不斷的愛戀，挖掘出女性沉睡的母性之愛。除了孩子，誰能將一位三十歲的女人裝飾得如此寧靜偉大！如果沒有女兒，無論怎麼努力，恐怕也難達到這種認知。

孩子，果真讓女人做得更好。所以有人說：「孩子給我們的並不亞於我們給孩子的。一個女人可以什麼都沒有，唯獨不能沒有孩子！」

撫養孩子，是一種瑣碎的女性的生活，無法與宏大的社會生活相比，但女人男人都需要它、熱愛它。一般情況下，當一個人為社會付出時，也會得到相對的回報和傷害。而唯獨孩子是父母的天使。他讓父母懂得什麼是天真、什麼是童稚，得到一滴汗水一份收穫的喜悅。

老男人忠告

孩子會使女人成長得更快，成熟得更快。就連新新人類張柏芝都說：「如果一個女人不生小孩、沒有做媽媽，她根本稱不上一個女人。」沒有與孩子一起生活過的人，他的生活會有著無法彌補的缺憾。

4、做一個快樂的母親

做了母親，人性中最柔弱、最溫情的部分被開啟。沒做母親時，女人愛動情、愛流淚，但那多因自尊受挫或失落，完全是自我感受。至於別人的故事再淒美、再慘烈，總也離自己太遙遠。做了母親，卻常常為一幅畫、一段語言而感動得淚流滿面，更別說孩子受傷、打針，居然與孩子一同哭得天昏地暗。做女兒時可以對別的孩子不屑一顧甚至討厭，可是做了母親，常常是看著每個孩子都那麼惹人憐愛。

有一次，那位作家朋友的老公出國了，偏巧孩子病了。她打來電話，請我幫她帶孩子去醫院。當我趕到時，發現平日溫柔嫻靜、十斤雞蛋都提不動的她，竟然背著近三十公斤重的女兒爬到了醫院的四樓，卻絲毫看不出她有疲憊之態。

在醫院裡，不管多麼勞累，她都捨不得拒絕孩子要她陪著玩遊戲、講故事的要求。想著多年前那個吟著「質本潔來還潔去」的詩句苦修性情，在字裡行間尋覓風花雪月故事的女孩，隨著新生命的孕育、誕生，飄浮的心落實了，要她吃飽、喝好、穿暖、睡香，還要教她看世界、學說話、長知識、學做人、學保護自己。那一刻，我實在地感受到母性的偉大。

母親因愛而生的力量是不可抗拒的，也是不可思議的，因為孩子，要優秀起來，淵博起來；因為孩子，要快樂起來，溫存起來；因為孩子，要堅強起來，剛毅起來……

然而，做母親不僅是女人的神聖權利，它更是女人的神聖事業。女人首先要做個健康的女人，才能成為健康的母親。為了孩子的健康和快樂，今天的女人不僅要追求快樂的情感，更要注重健康的心理。這是女人的責任，也是母親的天職。

母親的快樂和悲傷無不對孩子的成長產生影響，它始於母親的孕期，卻波及到孩子的心理，由此造成了「天性」截然相反的孩子：明朗的樂天派和沉悶的憂鬱派，由此可見母親的情感有著怎樣神奇的「造人魔力」了。

有對年輕男女戀愛後，男人慫恿女人與他做愛。女人想，既然感情有了去處，身體還要猶豫嗎？於是她沒有遲疑，一切都在兩廂情願的默契裡發生了。

之後，他們同居了，男人說不想很快結婚，希望能有個順利的鋪墊。女人順從了。同居的日子遠沒有女人期待的幸福，沒有了熱戀的甜蜜，多了生活的瑣碎。男人經常出去應酬，不能每天與女人同床共枕，這讓女人覺得傷心。男人笑嘻嘻地說：「都是妳老公了，怎麼還那麼多心？男人有男人的事情。」

女人只有寬慰自己，也對，若不是心裡有一份難捨的真情，在這人人追逐快樂的時代，有幾個男人甘願堅守一個女人的寂寞呢？

直到不久前，女人發現自己已懷孕，卻在他不以為然的「達觀」裡聆聽著他推崇的「墮胎時尚」時才明白，原來自認為「前衛」的他，不過是在玩味女人的美好，而結婚卻是他這種男人無法承擔的責任！

現在她處於極端矛盾的邊緣，想過設法讓他娶自己，完全為了那未出世的孩子，畢竟，這是她的第一個孩子，若不能要他，她還算一個完整的女人嗎？

每位母親都希望孩子健康快樂，這取決於母親的心理。要讓孩子獲得心理健康，母親本人的心理首先要健康；要讓孩子生活得快樂，母親首先應該是快樂的。在這裡，母親的「天性」和母親的處境息息相關：她的教育，她的生活，她的性格，她和丈夫的關係無不影響著她對孩子的情感，在這些條件裡，夫妻關係的和諧又是孩子快樂和幸福的主要來源。

不要為了做母親而做母親，女人生孩子前必須考慮以下幾個問題，從自己的答案中得出要不要孩子的決定：

1．妳愛他嗎？

反覆問自己：妳愛他嗎？愛他的什麼？是他為妳送花的熱情，還是接送妳上下班的執著？是他在舞場上的風流倜儻，還是在妳病床前的溫柔體貼？不言而喻，與前者相比，後者的選擇要踏實，也更溫暖。

2．他愛妳嗎？

反覆問自己：他愛我嗎？愛我的什麼？是我的年輕貌美，還是我的心地善良？是我別具一格的打扮，還是我含而不露的忠貞？若他過分注意妳的美貌和衣著，這其中勢必包含著危險，如此輕薄的愛戀實在有必要質疑和考驗，要不要孩子妳也會很輕易做出判斷。

3．你們有共同養育孩子的心願嗎？

共同養育孩子的心願是重要的「技術」條件。有了共同的心願，父母可以充分策劃「造人」的時間，根據自己的標準，選擇一個最佳季節和最佳時辰。讓父母共同進入這神聖事業的最佳狀態。根據生物學家的研究，無論相貌的美醜，還是情商、智商的優略，和父母的造人狀態不無關聯。像故事中的那對年輕人，男人根本沒有養育孩子的打算，女人就要慎重了。

4．你們對養育孩子有充分的心理準備嗎？

從任性的男孩、女孩一躍而為他人的父母，心理跨度之大，往往帶來巨大麻煩。年輕的夫婦必須對養育孩子有充分的心理準備，不僅要有健康的心理，還要有快樂和積極的心態，仔細揣摩一下彼此的感情是否真的融洽，修養能否到位。為了獲得一粒優質的種子，父體、母體當然必須優秀。

西蒙波娃說，一個合格的母親在做母親之前不但要考慮到孩子的出生理由，還要考慮到他的生存理由。有些情況是不適合要孩子的，不適合實現自己做母親的願望的。

本不想要，害怕別人說自己有毛病。

本來不想要，家人拼命地催促要。

怕男人拋棄了自己。

對婚姻已心灰意冷，準備把希望寄託於孩子。

恩愛的夫妻是孩子出生的理由，可是他還要有生存的理由，才能健康成長。這些條件一旦缺乏了，會給孩子帶來種種麻煩。比如說，一個不想要孩子的女人，因害怕人家說她有病或因為家人的催促而被迫生育，她的心情不會愉快；一個生怕被情人拋棄或對婚姻心灰意冷的女人更難免有心理陰影和心理缺憾。這種情況下，無論把自己的心理陰影帶給孩子，還是在心理缺憾中養育孩子，都會使孩子受到巨大傷害。

心理學家說，心理的傷痕往往是隱蔽的，表面可能看不出來，但潛在的不快和憂鬱會積淤心底，愈積愈多，成為孩子一生的儲存記憶。到他長大成人時，早年的儲存記憶會「下意識」地要求他的情感生活服從它的軌跡。因此，我們看到很多不幸的事情發生，一些在不幸婚姻中長大的孩子，他們的婚姻也走向不幸之路。

看來，母愛不是天生的，而是一種可塑性極強的情感，它可以是健康的，也可能是病態的；它可以是積極的，也可能是消極的；它可以給孩子帶來幸福，也可能造成他一生的不幸。母親不僅給予孩子乳汁，還要給予他陽光。乳汁會撫育他長大，是必不可少的養分。陽光則意味著精神食糧，它代表對生命的熱愛和嚮往，它是母親給孩子更深邃、更有影響的營養。懂得給予陽光的母親，自己必然擁有陽光，她知道，要想讓孩子快樂健康，自己必須首先是一個完整的、快樂的女人。

只有一個完整的女人，才能做一個完整的母親。快樂來自於完整，完整有賴於獨立。獨

立並非經濟上的，而是心理上的，也就是說，只有心理健康積極、自由樂觀的女人，才會獲得完整的人生，也才會成為完整的母親。

老男人忠告

做母親不僅是女人的神聖權利，它更是女人的神聖事業。女人首先要做個健康的女人，才能成為健康的母親。為了孩子的健康和快樂，今天的女人不僅要追求快樂的情感，更要注重健康的心理。這是女人的責任，也是母親的天職。

5、與老公一起教育孩子

心理學家斯坦克爾說得好：孩子不能代替失落的愛情，不能代替生活中受挫的理想，不是填補空虛的材料。孩子是責任，是機會，在高聳的愛情之樹上，孩子是樹上的花朵……他們不是玩物，不是用來滿足父母需要或未遂野心的工具。孩子是義務，他們應該被撫養長大並成為幸福的人。

在兒子六、七歲的時候，我家發生過一件很有趣的事。這天，太太下班後，拖著疲憊不堪的腳步回到家，打開房門的一剎那，我瞪著眼睛就是一句：「妳兒子居然說我不是他爸爸，妳問問他是怎麼回事？」

之所以衝著太太發威，不只因為兒子這一句話，而是許多日子以來，在教育兒子的問題上我們存在很大分歧。前幾天兒子回家抱怨，說同學欺負他，我說小孩子吵架很正常，不要大驚小怪。太太一聽不高興了，責怪我不疼孩子，還去學校責問老師，想為兒子轉學。何必呢？一點小事，弄得一家人都不開心。太太天天研究各種補習班，一會兒想讓兒子學畫畫，一會兒又想讓他學唱歌。我很反對，認為這是無事生非。當然，結果是我和太太為此不斷開戰，互不相讓。

因此，當我說出那句話時，心裡已經做好繼續戰鬥的準備。然而，太太沒有動怒，而是沉著地問兒子，到底發生了什麼事，他會對我出言不遜？兒子斷斷續續講了事情的始末。中午我帶他去奶奶家吃飯，兒子貪於玩遊戲，喊了幾次都不肯到飯桌前。等他慢吞吞洗完手，發現最愛吃的炸雞腿只剩兩隻，他撲上來就是一頓猛吃。這時，他的表妹也沒有吃完飯，看他吃得「兇猛」，就搶走了剩下的一隻。兒子不願讓她拿走，兩人就爭奪起來。雙方的父親見狀，各自訓斥自己的孩子，不知何故，兒子脫口說出那句驚天動地的話：「您不是我爸爸。」自然，我的巴掌立刻落在他的頭上。

我等著太太與我爭吵，可是她卻什麼也沒說。晚飯後，她悄悄與我商量，應該如何如何對兒子進行教育。我按照她說的做了，跟她一起來到兒子房內，妻子對兒子說了一番話：「第一，去奶奶家做客，要講究禮節，不能為了玩遊戲耽誤吃飯。第二，妹妹相對於你，是弱小的，呵護弱小是每個男子漢的責任和義務。第三，以後不能說『您不是我爸爸』這類話，這樣爸爸會很傷心。」

兒子看著我們嚴肅地說完，點著頭「嗯」了一聲，似懂非懂的表情好像在說，爸爸媽媽這是怎麼啦，為什麼對我說出了同樣的話？我也很奇怪，太太這是怎麼啦？太太看著我們父子一臉迷茫，微微笑了，今天下午，她聽了一位專家關於教育孩子的報告，明白一個道理，父母親應該一起教育孩子。她想實驗實驗這個說法是否有效。

管教孩子，是家庭重中之重的事，許多女人都會抱怨孩子不好管，其實，將教育孩子的責任與老公一起分擔，這件事會起到事半功倍的效果。孩子是兩人的，教育也是兩人的事。妳要是搶功，妳要是總覺得老公教育孩子不如妳，那妳活該吃力不討好。

在孩子心目中，父母是平等的，要是父母總在教育自己的問題上爭來爭去，他會很困惑，為什麼爸爸讓我這麼做，媽媽卻偏讓我那樣做？結果是誰的話他都不聽，他很煩。

老男人忠告

有種女人喜歡這樣的教育模式，即是媽媽唱黑臉，爸爸唱白臉，其結果是孩子太小，無法理解妳的「深刻」用意，依然難以達到妳要的結果。最好的辦法是與老公達成一致意見，如果出現分歧，也要避開孩子，商量完後再告訴他結果。在與老公一起教育孩子的過程中，妳會發現孩子變化多麼神速，老公對妳的教育也有認同的地方，更為欣喜的是，家庭從此充滿了和諧和溫馨。

8 健康，永遠吸引男人

女人年過25不再談青春，年過35不再談年輕，年過40無論曾怎樣年輕漂亮也不再談姿色。可是女人永遠可以談美麗和健康。亞力西斯．柯瑞爾博士說：「不知道怎樣抗拒憂慮的人，都會短命。」

1711年，英國的雜誌《觀察家》刊登了一封丈夫的信，信的內容如下：

「先生們，我有極強的欲望想休掉我的妻子，向她提出離婚。我曾是這樣喜愛她所有的一切，她那光潔的前額、脖頸，還有手臂，她的頭髮散發著閃閃的金黃色光芒。然而令我深感驚訝的是它們全是假的，全是裝飾的結果。因為這樣做的結果，她的皮膚已經變得黯淡無光，以致她第二天早上醒時，那蒼老的容顏就像是我昨天晚上與之同床的那個女人的母親。我應有充分的自由與她分手。」

這封信不乏搞笑的意味。可是細讀之下，很多拜讀這封信的人都會有一絲絲心寒，那位妻子失去的不僅是美麗的容顏，應該是夫妻間最珍貴的感情。看到老婆憔悴疲憊的臉，哪位丈夫不感到心疼，而不是厭惡？可惜，那位妻子太虛假了，她依靠化妝，而不是自然的、健康的、真實的美贏得丈夫的愛。

有人說，世界上所有女人都不化妝，可能性大概只和火星撞地球的發生機率相仿。女人愛美是天性，為了美，她們會動用所有化妝技巧，將自己打扮成一個與自己完全不同的人。古羅馬詩人馬提爾對女人說：「妳是一個謊言的組合。為了過夜，妳將整個人的三分之二都鎖在盒子裡。」

一點也沒錯，化妝本來就是謊言。用一些不屬於自己的東西，扮一張讓人家以為是自己的臉。然而，裝扮並不長久和可靠，反而會帶來種種「疾病」。女性追求美帶來的「病」已經成為現代社會的一個時髦話題。通常在人們的意識中，「美」是一種賞心悅目的感受，而「病」卻是人人抗拒的非正常狀態。現在，這兩者統一於「愛美病」的種種表現中，包括化妝病、戒指病、高跟鞋病及束腰病等等，似顯矛盾卻又有因可循。

追求美，卻得不到男人的欣賞和真愛，還要為此付出健康的代價，這麼算起來，女人實在委屈。在大英博物館裡，珍藏著一個婦女用的化妝盒，化妝盒裡有象牙梳、火山石、用來盛化妝品的小罐、潤膚膏等，經考證據說屬於一千四百年前古埃及的女性。都化了一千多年的妝了，怎麼會忽然有一天就放棄？所以我們討論的不是拒絕化妝和打扮的問題，而是在男人眼裡怎麼樣才算真正的美？女人如何才能獲得健康的、長久的美麗？

1、「美病」種種

陳小姐是我的秘書，有段日子一直為右手紅腫的中指而煩惱。她打字很快，負責很多文件的列印工作，然而現在中指腫得像胡蘿蔔，動一動就錐心地痛，更別說跟從前一樣十指如飛地敲擊鍵盤了。誰曾想到，造成這種結果的「元兇」竟是一枚小小的戒指！從訂婚的那天開始，為了防止訂婚戒指滑落，陳小姐就把接頭處卡得很緊，讓戒指牢牢地箍在中指上。這樣一戴就是半年，直到手指發麻、屈伸不靈才引起她的注意。陳小姐看著塗滿藥膏的右手，無奈地說：「唉，都是戒指惹的禍！」

晚飯時，當時正在讀中學的女兒一改常態，頗為激動對我們講：「今天學校讓我們看了一部有關保健的影片，我決定再也不穿高跟鞋了。那種畸形的腳掌，真可怕！」我這才注意到，女性追求美帶來的「病」已經相當普及，危害很深。

戒指是很能體現個性魅力的一種首飾，尤為現代年輕人所鍾愛，但似乎瞭解戒指由來的人並不是很多。據我所知，早在西元前的古羅馬時期，戒指首次出現，一開始，它不過做為隨身攜帶的印章使用，後來才逐步演變為裝飾品。而製作戒指的材料也從普通金屬發展到使用黃金等貴重金屬，以顯示佩戴者的身分和地位。

當今社會，女性選擇與自身氣質符合的戒指，可以為自己的形象增添光彩。可是不少女人不懂得佩戴戒指的方法，以致於影響身體健康。像陳小姐，後來她去看醫生，醫生告訴她：戒指戴得過緊，時間一長，就會導致局部血液循環受阻，受箍的手指和皮膚容易形成環狀畸形，甚至產生局部壞死。看來，佩戴戒指應以舒適為原則，而且最好能夠定期取下，這樣才會讓手指得到休息。從這件事中，陳小姐學會了很多健康知識，有一天，我聽她對另一位女同事說：「戒指應該經常消毒，不然會滋生很多細菌。還有啊，妳的體質過敏，最好不要戴首飾，即便戴，也要選用純金、純銀的。」聽她侃侃而談，我很高興她有了這些進步，不免聯想到女兒的「高跟鞋」之慮。

自從發明了高跟鞋，女人穿它的熱度就一直居高不下。的確，從形體美的角度來說，高跟鞋對許多女性都具有「立竿見影」的功效，能夠凸顯出她們優美的身段，增添幾分綽約風姿。據說當年瑪麗蓮．夢露就是因為穿上由 Salvatore Ferragamo 設計的金屬細跟高跟鞋而一舉成名，難怪她曾說：「雖然我不知道誰最先發明了高跟鞋，但所有女人都應該感謝他，高跟鞋給我的事業有極大的幫助。」

儘管如此，高跟鞋的弊端卻不容女人忽視。在人體各部位中，腳被稱為「第二心臟」，其健康狀態可以直接影響身體機能。如果穿的鞋不合適，就會壓制腳部神經，進而阻礙血液循環，造成的短期反應是足部疲勞疼痛，長期則會導致腎功能受損，引起神經痛、關節炎等嚴重病症。「高跟鞋病」指的就是由於鞋跟過高，使人體重心失去穩定性而導致的損傷。因此，處於生長發育階段的少女不宜久穿高跟鞋，否則極易造成骨骼變形，留下終身遺憾。

當太太從女兒嘴裡瞭解到高跟鞋的種種壞處後，很感嘆自己已經穿了多年高跟鞋，會不會產生什麼病根？而且她還說：「有些場合怎麼能不穿高跟鞋呢？比如穿著禮服時，不穿高跟鞋怎麼辦？」

對，社交場合少不了高跟鞋，說實話，男人對女人的高跟鞋也一直心存好感，為了健康，為了美麗，女人不妨穿鞋跟高度適當的鞋子。這既可以滿足美的需求，從生理角度看，穿高度適當的高跟鞋走路，在一定程度上可緩衝對顱腦產生的震盪，對身體健康有益。

除了「戒指病」和「高跟鞋病」外，現代社會常見的美病還有「束腰病」。中國古代曾有以纖腰為美的審美標準，楚王的「細腰宮」盡納天下的細腰美女，此事流傳史冊。在國外，束腰興起於十六世紀，很快發展成為一股持續較長的時尚潮流。上流社會的夫人、小姐們人人「爭而束之」，寧願讓緊身胸衣把自己束得死去活來，也要以盈盈一握的腰肢耀人。這種束腰愈演愈熱，一直流行到現代，直到追求自由解放的思潮在服裝界傳播後，才逐漸沉寂下來。

可是，「細腰」並沒有真正退出流行舞臺，而且很受女性們追捧。君不見市場上各種緊身衣、束腰帶應運而生嗎？為了使身材苗條，「束腰」再次掀起熱潮。有位在商場工作的朋友，某次舉辦展銷束腰減肥衣的活動時，恰好我路過那裡，看到很多女人都在搶購。我對朋友說：「生意不錯啊！」朋友悄悄說：「是啊，穿上它之後，她們就能套上平日裡無法穿的衣服了，能不踴躍購買嗎？」這時，旁邊兩位女士的攀談聲傳入我的耳中，一人說：「妳穿了以後效果怎麼樣？有沒有不舒服的感覺？」另一人支吾著說：「其實，有時還是覺得呼吸不暢啊！」

醫學早就告訴人們，腰勒得太緊或經常束腰，勢必影響胸腹的起伏，使呼吸不能正常進行；同時還會妨礙腹腔臟器的血液循環，影響胃腸蠕動，容易引起腹脹、消化不良、便祕及慢性胃炎等疾病；此外，過分束腰對腎功能也有損害，兩側腎臟受壓後血液灌注會不足，可能引發尿毒症。所以，像那位感覺呼吸不暢的女士一樣，用過束腰產品的女性都會有相似不適感。

太太在生產之後，也曾經用過束腰緊腹產品恢復體形，當時醫生就跟她說：「正常分娩者可以用某些輔助方法改善鬆弛的腹肌，比如，特殊的束腰帶。實際上，這與一般意義上的『束腰』是不同的。這主要是幫助產婦消除妊娠期堆積的脂肪。但如果過度使用束腰方法，不但不利於恢復腹壁的正常狀態，反而會危害產婦健康，導致多種婦科疾病。」他向太太建議，恢復體形的方法以運動為佳。

太太的形體保持得比較健美，不少女友向她請教祕訣。她告訴她們：「很簡單，健美運動和飲食控制。」束腰或許能使腰肢顯得纖細，但長期如此，必然「後患無窮」。每天花幾分鐘時間做健身操，少吃高熱量、高脂肪、高糖分的食物，這樣就可換來優美的身體曲線和自然的健康狀態。

老男人忠告

做個文靜的林妹妹固然不錯，但是身體健康更重要。男人欣賞的是一個看得起自己、關愛自己、善待自己的女人。女性無論在自然、地位、權力，以及對美的認知方面，新世紀的新觀念將是自信、自然、健康和快樂。

2、裡子重於面子

說起太太的健美運動，也有一段趣聞。生完孩子之初，每天跟著小孩吃、睡，吃得好，睡得飽，產假休完，回到公司的第一天，她猛然發現自己的身體已不再年輕，她抱怨說：「我不但運動起來困難，就連外人也對我投以異樣目光，我真成黃臉婆了！」

為了改善自己的形象，太太買了很多化妝品，還準備去美容院塑形。看著她一天到晚忙忙碌碌，憂心忡忡，卻效果甚微，我很為她著急。就在這時，我認識了一位女總裁，她是位探險家和旅行家。運動和駕車是她的最愛，空閒時她不去美容店，而是帶著孩子們登山或者旅遊。喜歡運動的她有一個完美健康的身材，並且精力充沛，在平日工作中更是顯得遊刃有餘，精明能幹。周圍的人都喜歡與她交往，並不是因為她的錢財和地位，而是與她交流健康的概念、運動的體會。

我對太太講了女總裁的故事，鼓勵她選擇一項喜愛的運動，這將對她的身體和社交大有好處。太太接受我的建議，開始打網球。她每週打一到兩次，每次一到兩小時。很快，她從運動中找到了年輕的感覺，並且鼓勵她的母親和外婆也運動起來。她母親已經五十多歲了，每天忙著雜貨店的生意，以前可以扛起一包五十公斤重的貨物，現在扛不動了，只好用推車推。她的外婆八十多歲，患有嚴重膝蓋退化性關節炎。太太對她們講述運動的好處。但她們很擔心，覺得自己年齡大了，多年不曾運動，不知道該如何做，還認為沒有用。

於是我給她們講了普利斯拉．威爾斯的故事。普利斯拉是英國長跑選手，她是一個老菸槍，身體過胖，超過標準體重近四十公斤，以前從不運動。三十四歲時，普利斯拉開始練習慢跑，經過不懈努力，三十九歲時竟然入選國家隊，在洛杉磯奧運會獲得了第六名的好成績。她一直堅持運動，一直到四十五歲都是世界頂尖的長跑選手。我對岳母和外婆說：「所以，幾歲開始運動永遠都不嫌晚。」

母親和外婆接受了我們的建議，加入運動行列。岳母選擇了慢跑，外婆則每天清晨五點鐘就到小學操場去做外丹功，臨睡前，先做十～二十分鐘體操，再休息。運動不但讓她們得到了健康，增強了體質，還幫助她們恢復了信心，太太不再抱怨自己是「黃臉婆」，外婆也經常外出拜訪親友，生活情趣多了起來。

親友中有位老小姐，四十歲了尚待字閨中。她酷愛化妝，周圍的人沒有一個看見過她不化妝的樣子。有一次女友和她結伴出差，心想同室而居，一定會看到她卸妝以後的模樣。可是，每天她都比女友起得早，睡得晚。女友看到她時，早是整裝待發的樣子了，一連數日，始終熬不過她，只好舉手投降，認輸。

這件事情一度成為笑談，很多人不明白老小姐為何這般折騰自己。外婆聽說這件事後，親自勸說她，裡子比面子重要，任何東西都不能以健康做交換，運動比化妝品有用。在外婆帶動下，老小姐果然運動起來，有意思的是，她很快走出了孤獨的世界，尋找到了自己的另一半。

我恍然明白一個道理，如果把化妝說成撒謊的話，撒不撒謊，撒多大的謊，撒謊的頻率，和自信心、安全感有關。沒有安全感的女人不願被別人看到自己的本來面目，一個人孤獨地走在這個世界上，她用化妝品小心翼翼地保護自己，不被拆穿心底的祕密，那張真實的臉也許會寫著太多的蒼涼和寂寥。

兒子上學後，有一段時間總是分不清楚化妝和化裝的分別，沒少挨國語老師的罵。想起來，分不清實在是有道理的。化裝是保護自己的方法，通常用於戰爭年代；而化妝，誰說不也是保護自己的方法呢？在當今社會中，女人透過化妝掩蓋自身的缺憾，會獲得對自己的一部分信心，無疑起到了防範和保護作用。難怪西蒙．波娃在說到女人的化妝時說，她要在男人、世界和時間面前保護自己，就像用傢俱套保護傢俱。

然而，化妝相較健康，只是「面子」工程，套著傢俱套的傢俱是沒法用的，只能供著，其使用價值幾乎為零；實用的傢俱不嬌氣，不用套傢俱套，就像女人在家以一個妻子的面貌出現時的樣子，無論化妝還是不化妝，無論臉色是白是黃。只要健康，女人不化妝，依然底氣充足，依然確信自己被愛著。有時候，美是冰冷的，而一張平凡的、健康的素臉上，也許充盈著幸福。

有位年輕女生每天去做有氧體操，她說：「不是完全為了減肥，而是希望在充足的運動後，臉色紅潤氣色好。」大學四年她堅持運動四年，結果畢業找工作來到我的公司面試，當時恰遇寒冷冬季，與她同時面試的女生個個穿戴厚重，依然凍得縮手縮腳。她穿著不多，卻精力充沛，氣定神閒，自然一次過關。堅持運動，不但可以保持身材，更能帶來健康，並為妳找回信心，這樣的事情何樂而不為？

老男人忠告

自信的女人由內而外地美麗。一個女人無論有多老、多醜，只要這世界上有一個人將她視如珍寶，她都會在他的面前放心地素一張臉，安穩踏實，內心溫暖。一個勇於不化妝的女人，肯定擁有大把大把的愛。

3、澹泊名利，才能擁有健康

前些日子，一位多年不見的朋友攜夫人來訪。有朋自遠方來不亦樂乎，我與太太沏上香茗招待他們，述說別後之情，其樂融融。

席間，我們談起世間富貴之事，朋友的夫人道：「曾聽一位大師說過，誠信是第一財富，正法是第一坦道，實語是第一妙味，智慧是第一生命。我想，這些都是世間至貴吧！」

我笑了，說：「為什麼說智慧是第一生命呢？人的健康才是一切的支柱。」為了證明自己的觀點，我講了一則廣告。大意是，如果你有1,000,000財富，後面的那些「0」分別代表金錢、美麗、地位、名譽、快樂、家庭等等，而前面的那個「1」則是代表了健康。有了這個「1」，後面的那些「0」才有了意義。

聽完我的話，朋友深有感觸地說：「是啊，即使腰纏萬貫，富甲十方，或高官厚祿，事業發達，或貌如天仙，多才多藝，如果是體弱多病，終日離不開藥物，這樣的人生豈不也是黯淡無光？」

朋友的夫人默然了，看得出，她心裡對健康是生命的支柱這一說法仍有異議。是啊，生活中，常常聽到很多女人哭訴，為了照顧家人，為了滿足他們的面子，犧牲自我，最後落得黃臉婆討人厭的下場。她們說，是生活奪走了她們的健康，她們沒有時間和精力來關照自己，關照自己的身體、心情……

女人，不知道寵愛自己，又怎麼熱愛生活，怎麼支撐起家庭這片天空？沒有什麼比自己關心自己來得實在。女人永遠都不願意被排除在美麗之外。追求美麗，無論在什麼時候，健康有致的身體都是必須的，要是體態臃腫，或者動不動生病發燒，相信難以追上現代美麗的步伐。

所以，我提醒妳每年做婦科檢查，不要落得一身毛病才來抱怨生活虧待了自己；不需要他人來假裝疼愛，妳也不需要假裝疼愛某人。讓自己燦爛點，不要整天灰頭土臉，別浪費青春和嬌美身材。買漂亮的裙子和舒適的睡衣給自己，性感一點也無所謂。

對於暴走職場，入世的奮鬥的現代女性來說，健康不僅是身體上的，更是心理上的。追求名利似乎是她們不懈的目標，可是名利又是懸在頭頂上的兩把利劍，稍不留心，它們會斬斷妳所有的快樂，會斷送妳的健康。欲望是無止境的，人生又何其短暫。與其為了名利爾虞我詐，不如放下身段追求快樂健康的生活。

心態平和與安寧是女人魅力的象徵，會讓妳保持一份學也學不來的優雅。在職場打拼的女性不要忘記心靈的寧修。不急躁，不偏執，舒緩從容卻積極昂揚，這些，才是令人肅然起敬的理由。女人，要有一顆平常心，澹泊名利，把快樂送給妳自己，讓自己充滿活力。

有一年，我在國外旅遊期間，認識了一位女同胞。這位女士已經六十多歲了，在一家餐館老闆家當保母，替他照顧三歲的小孩子。經過交談，我得知這位女士來自中國大陸，是位職位不低的退休幹部。我很奇怪，她為什麼來到國外，還甘心做一名保母呢？是不是遇到了什麼難題？

她的回答令我吃驚，她說：「我退休後不願虛度歲月，就到全國各地旅遊，希望開闊眼界。在旅遊過程中，我看到很多外國人背著大包包，坐著火車在中國旅遊，就很羨慕。我想為什麼我不能和他們一樣，出國去看看呢？懷著這個想法，我辦理了簽證，帶著三百美元就上了出國的飛機。來到異國他鄉，跟隨旅遊團轉了幾天後，我的錢花完了。我不甘心就這樣回去，是借錢還是等家人從國內匯錢呢？忽然我有了個念頭，為什麼不想辦法自己賺旅費呢？雖然我不會英語，可是我知道唐人街有不少做生意的華人。於是我就去打工，幫人看孩子。有了第一筆收入後，我很開心，帶著這筆錢繼續旅行。等到錢花完了，我再回來打工賺錢。一來二去，大家與我熟悉了，給我推薦不少工作呢！」

看著她燦爛的笑容，我不禁問道：「您是位高級幹部，怎麼能做這樣的苦力呢？這要是傳回去對您的名聲多不利！您完全可以過更好的生活。」

她笑得更開心了：「更好的生活？我覺得很快樂，我活得很充實，我的身體比以前好多了，我還有什麼不知足的？」

後來，聽說她透過個人努力去了尼加拉瓜瀑布、黃石公園，還從東海岸橫越美國大陸去了狄斯奈樂園和矽谷。她這種澹泊名利、追求快樂生活的做法，比起旅遊所見的風光，更能令我難以忘懷。

保持一顆恬淡的心，一份澹泊的情懷，妳會發現，自己其實過得很快樂。有時候，不要執著地一概都要求公平，不要過分地追逐一些名利，一些得失，一些所謂的永恆。只要心情舒暢、心情安逸、心情充實、心情豁達、心情恬淡，妳的天空就會總是充滿陽光的普照，烏雲總有散盡的時候，給予自己信心……

老男人忠告

人生即使有伴也是寂寞的，不如及早培養興趣，諸如種花、養魚。運動做為一種興趣，比起其他的更有優勢。運動會讓妳精力旺盛，保持體型。

4、及時地「內在清掃」

有一段時間，太太脾氣很壞，情緒化嚴重。在許多瑣事上，她常常與我錙銖計較，鬧得很不開心。有一天下午，她打電話讓我在下班的路上買幾樣飯菜。我同意了，可是我沒有完成任務，也沒有按時趕回家。當我到家時，太太滿臉怒容，上來吼道：「飯菜呢？我知道你總是把我的話當耳邊風！……」

我很平靜，等她發作完畢，走到燈光下小心地捲起自己的衣袖，將手臂伸到她的眼前。太太大吃一驚，我的手臂上居然纏著厚厚的紗布。

「去買飯菜的路上人很擠，我知道妳好著急，擔心回來晚了妳又發脾氣，所以就想從另外一條路過去。沒想到我剛走幾步，一輛摩托車就撞上了我。」我回憶著事情的經過。

太太呆了，她顯然意識到自己的情緒化竟然給我這麼大的壓力，竟然差點釀成不可挽回的大禍。她捧起我的手臂，一句話也說不出。

我看到她這個樣子，反而笑了：「幸虧撞我的是一輛摩托車，要是輛卡車，我連聽妳罵我的機會都沒有了。」

太太的淚水一下子湧出來，從此，她學會了遇事冷靜。

現代女性面對生活、工作的雙重壓力，難免會有不如意，心情沮喪的時候，情緒化成了她們最常見的反應之一。情緒反應及行為都是根據自己的感情世界而產生的，如果不知道加以控制，肆無忌憚地宣洩，勢必影響到身邊的人。這些人包括了妳的丈夫、家人還有與妳熟識的每一個人。有些女人會用自己的情緒操控、懲罰自己的老公，認為這是一條很妙的方法，她們常常要求老公按照自己的意願做事，一旦老公沒有「執行」到位，少不得給他臉色看。

其實，老公可能因為愛妳低頭，下次不敢不按妳的要求做，但是他會覺得很委屈。違背了自己的意志去做了，他會覺得心有不甘，下次他會無意識地要「報復」，找機會佔回上風。這樣的事情累積多了，夫妻的嫌隙就出現了。有一個寓言說，兩隻鳥居住在一棵大樹上，牠們很辛苦地出去撿果子，準備過冬的糧食。有一天雌鳥忽然發現果子少了，認為雄鳥偷吃了，就對牠大發脾氣，並把牠趕走了。後來下了一夜大雨，雌鳥看到果子被雨水泡得脹大起來，又成了滿滿一巢。牠知道自己錯怪了雄鳥，整日哀啼。可是雄鳥一去不返，再也沒有回來。

生活是理智的，家庭更需要理智地去經營和維護，過多的感性和情緒化會危及家庭穩定。不要為了讓某個人後悔而生活，而是為了讓自己的人生更精彩。控制自己的情緒——別讓別人以為妳還沒長大。

煩惱不是布匹，說剪斷就剪斷，唯一的辦法只有覺醒、面對和超越。

後來，太太學會了控制自己的情緒，不少人非常羨慕她，詢問她何以總是神清氣爽，過得如此得心應手？她笑著說：「這得歸功於我每天勤於做『內在清掃』，所以已經沒有留下什麼值得煩惱的事了。」

「內在清掃」開始於那次「飯菜」事件後的一次搬家。搬家前，我對她說：「很多東西可能都用不到了，能放棄就放棄吧！」妻子捨不得，她看看這望望那，覺得哪樣東西都愛不釋手。是啊，家裡的東西是她辛辛苦苦買來的，是她親手佈置好的，這些年，她與每樣傢俱都有了感情，怎麼說扔就扔呢？於是，她不聽勸告，把各式各樣的傢俱、裝飾品以及用具統統搬到新家去。

然而，到了新家她才發現，很多東西與新環境格格不入，甚至變成礙眼的累贅，連味道、風格都走樣了！太太恍然明白，該捨就得捨啊！

這件事對她感觸很深，她養成一個習慣，每到週末，就把自己的辦公室徹底清理乾淨，連一張紙都不留。平常下班回到家，她會在梳妝臺前花一點時間，反省一天中發生的事，順便計畫明天該做的事。她很喜歡這種向過去說拜拜的清掃方式，把前一天的自己做個了結，然後迎接一個全新的開始。她告訴自己：「一定要讓自己隨時放空，扔掉所有的不快與煩惱，才會裝進成功與喜悅。」

很多人都會問太太一個問題：「妳事業做得那麼好，要是在事業和家庭之間做一個選擇，你會選擇哪一樣？」她毫不考慮地回答：「除了家庭以外，我什麼都可以放棄。」對她而言，「家」是最適合進行心靈大掃除的場所。她說：「到party狂歡，到處找樂子，只會消耗精力，得不到充分休息，怎樣緩解壓力，怎麼會有好心情呢？」

記得清除心中的不快，不要讓它們生根發芽。別讓生活的忙碌和鬱悶消磨了美麗容顏。每天在忙碌的生活間歇中給自己留一小段時間，多給自己一些私人空間，妳不是神，允許自己不完美，不用期待每個人對妳的讚許，自然少了壓力上身的機會。

心緒煩亂時學會自我調劑，煮花茶喝或者做茶點吃，放一段柔情音樂，翻閱幾頁好書，然後睡個懶覺，快哉。偶爾自己唱歌給自己聽，好壞不重要，心情開朗就可以。或者什麼都不要，只是讓自己靜靜地發呆，或者對窗外吹吹口哨，總之一切讓自己放鬆的方法都可一試。有時間的話，可以去學瑜伽或者跆拳道。前者能讓妳放鬆身心，後者可以防身。折磨自己身心的事情不要做，在任何時候都不要自暴自棄。再鬱悶也不要去泡酒吧，更不要獨自喝悶酒。一個孤獨的女子手握高腳杯或者抽菸，會更增添寂寞感與憂傷。孤單的時候可以找好朋友聊天、逛街、吃飯。不要讓孤寂淹沒自己。有固定的消遣場所，比如固定的咖啡館、書店。讓那個地方的服務生認識妳，這樣，妳會在孤單時有個溫暖的去處。

不要為了任何人、任何事折磨自己。比如不吃飯、哭泣、自閉、抑鬱，這些都是傻瓜才做的事。當然，偶爾傻一下有必要，人生不必時時聰明。不要整天板著臉，故裝憂鬱，有趣的女人令人愉快。誰都希望能開心快樂地生活，不要讓男人覺得跟妳在一起很無聊。

老男人忠告

做個睿智的女人。學會從容面對生活，積極面對生活，這才是心理健康的標誌。生活一定會如所願如同明早太陽依舊會如時升起，萬一脆弱得不行了，請選好哭泣的對象，不要隨便借肩膀和胸膛。

5、怕「老」的良藥

過了四十歲，太太一天天怕老起來，她手不離鏡，整天關注眼角皺紋是否深了，頭上有沒有白髮，每天醒來的第一件事，就是對著鏡子看看眼袋腫了多少。她說，皺紋和白髮讓她心驚膽顫，寢食難安。

我想起一個笑話。在北京，正值下班高峰期間，車上十分擁擠，到了一個站點，很多女人都爭著下車，車門堵塞。售票員見狀，心平氣和地說道：「大家請不要急，讓年紀最大的女士先下車。」這話真見效，所有的女人都退開了。

女人怕老，這幾乎成了一條定律。不是有一句話叫做女人三十豆腐渣，不知道這句話出自何人之口，也不知道它誕生於哪個朝代，反正自它問世，懼老症就如鬼魅夜影，不時襲得女人們心驚肉跳。

女人有多麼怕老，男人是很難理解的。是啊，從「妝成每被秋娘妒」到「暮去朝來顏色故」，這樣大的人生反差，怎能不讓美人遲暮備感淒涼！說到底，女人怕老就是害怕失去魅力。曾經有過美貌和姿色的女人，在三十歲前與三十歲後大多會經歷一種強烈的對比。走在大街上，男人的回頭率大大降低；在公司裡，無人再央求著為她效力；社交場上，沒人追著她要電話號碼；在家裡，丈夫不再對她用「親愛的」、「寶貝」之類的暱稱……

於是，三十歲的女人常常攬鏡細照，找找眼角是否出現皺紋；四十多歲的女人每天醒來的第一件事，就是對著鏡子看看眼袋是否又腫了點；更別說五十來歲的女人了，面對著鬢邊的白髮、眼角的魚尾紋，心中那份悽惶，豈是一個「悲」字可了的?!她們共同的感受就是一過「歲數」，魅力就會大打折扣！面對這樣巨大的心理落差，怎麼能叫人不傷感和心寒呢？這也就難怪女人對「老」的恐懼了！

怎麼樣跳脫怕老的「追殺」，恢復健康自然的生活呢？

1996年，我在海外期間，遇到一位來自國內的女演員，她身無分文，在當地舉目無親，也沒有得到任何人推薦，除了漂亮的臉蛋，她似乎一無所有。整整一個星期，她靠一點餅乾和水充飢，她很沮喪，覺得自己像個傻子，永遠也不可能闖進影視界。有一天，她在照鏡子時發現，憂慮影響到了她唯一的本錢——容貌。她看見憂鬱帶來的皺紋，看見焦慮的表情，不知道自己還能不能堅持下去。

我想起一本書上說過的話，於是對她說，沒有什麼比憂慮令女人老得更快，並能摧毀她的容貌的了；也沒有什麼比憂慮令女人更加無趣，並讓她失去在社交場合中應有的自信的了。憂慮會讓女人的表情難看，會讓她的頭髮灰白，會讓她的臉上出現雀斑、潰瘍和粉刺……

話未說完，就聽她尖叫起來，我知道憂慮會毀了我，可是我該怎麼辦？

情急之下，我脫口而出，妳現在唯一的出路就是擺脫憂慮，妳必須停止憂慮，妳可以每天一起床就哼著輕鬆的歌聲，一天到晚臉帶微笑，妳要儘量坦然、隨和，不要在乎自己的前程，與人交往時多關注友情，談談目前的影視動態……我說了很多，事後我想，這些話語聽起來簡單，做起來卻很難。

但是，她做到了，過了一段時間，她高興地打電話給我說，有人邀約她在一部電影中扮演角色。並且說人們對她的評論是「坦誠、快樂」，很多人詢問她如何保持美妙的心情。

我問，妳是如何回答的。她調皮地說，遠離憂慮，自然就會心情愉悅。

生活中有很多事情令人心煩，這時，憂慮就像化學劑一樣在妳的心中產生，揮之不去，成為生命的隱形殺手。要想健康，要想不「老」，要想獲得他人認可，就必須放下憂慮。在妳即將跨出年輕的門檻時，要消除對年長的心理恐慌，克服停滯感，不可朝後看，妄圖喚回已逝的青春，而必須朝前看，學會集中精力注意於現實和將來。我們在變化中成長。如果妳拒絕了變化，妳就拒絕了新的美麗和新的機遇。要相信明天，不斷為自己制訂人生的新目標，在希望和變化中人的心靈會永保青春。

回首往事，我送給妻子卡內基的《心靈的成熟》一書，希望她能有所醒悟。書中指出，成熟比保持年輕更有魅力，「心靈成熟的人不會衰老，即使他已白髮斑斑，仍然才華橫溢，風度翩翩，聰明睿智，善於創造。」我告訴她，衰老不可怕，可怕的是妳懼老的心態。過度的折騰對女人來說，從容顏到心靈，只會加速衰老。不怕老的女人，即使是到了五十歲，也會照樣有著二十歲的青春活力，三十歲的優雅可人，四十歲的雍容端莊，多的只是五十歲的圓潤澹泊。人不是因為美麗而可愛，而是因為可愛才美麗。自信、寬容、樂觀的女人到了五十歲也許不再漂亮，但哪怕到了六十歲、七十歲，她依然是美麗的。因為美麗與年齡無關。

女人不是弱者，一旦有事情發生時，不要想依賴任何人，妳沒有理由要求別人為妳付出，即使是妳的家人，沒有希望自然不會失望，心存感激地接受別人給予的幫助，保持平和、寬容的心態是保證女性容顏不老的良藥。

不要為明天的事擔憂。未來有時候並非按照預測發展，哈雷彗星不一定按照科學家預測撞上地球，杞人憂天也是愚蠢的表現。所以，妳大可以開心負責地活在今天，活好今天。

退一步講，天塌下來還有個子高的頂著呢！輪不到妳悲觀、失望。

不要為無法掌握的事憂慮。當憂慮無法消除，憂慮進一步瀰漫時，請學會從另外的角度去看，先前所有的擔心、煩惱隨之消失。所憂慮的事情往往還會變成一種意外的收穫、一個好心情。記住一句話，快樂之道僅此一途，找不到答案的事情就不要再想，不要自己給自己憂傷的陷阱。

老男人忠告

每天抱怨、嘮叨、自憐的時間不要超過10分鐘。不要常常計算得失——那是保險公司和妳的對手的事。心情低落時不要淋雨、聽慢歌、看悲情電影、泡在浴缸內喝紅酒。要快樂，要開朗，要堅韌，要溫暖，這和性格無關。

6、不為活給別人看

健康的心理還在於一顆滿足的心，一種不為世人所左右的心情和智慧。女人活給別人看由來已久，有個故事講到：南北兩美人相隔遙遠，兩人都想相互一見，目睹對方姿色。一日，兩美人終於見了面。南美人見北美人豐滿美麗，北美人見南美人苗條清秀。雙方見後，各回南北。南美人暗道：「北美人之所以美，美在豐滿，我如果截長補短，增加肥胖，必然十全十美了。」北美人暗道：「南美人之所以美，美在苗條，我應該截長補短，即日減肥，必然十全十美了。」數年後，南北兩美人皆得所願，自以為十全十美。但眾人見了，都嘆息兩美人醜得可惜。人活在世，各有千秋，自得其樂，懂得享受生活，才能擁有完整幸福的人生。

米蘭昆德拉有本書叫《生活在他方》，指出人活在世上，總是追求自己無法擁有的東西，進而造成諸多不快和煩惱。注重生活實質的、健康的女人不是活給別人看的女人，她們因此贏得男人的尊重。

我曾有位女助理，美麗、文靜，說話總是慢慢的，聲音總是低低的，她的工作說不上突出，但也無可挑剔。她與同事相處良好，既不嫉妒別人，也從不瞧不起犯錯的人。看她波瀾不驚的神情和處世風格，真有種如沐春風的愜意和順暢。

閒暇時刻，我問她：「妳很聰明，與周圍人相比，我覺得妳應該活得更精彩，妳為什麼不去做呢？」

她微笑：「我父親曾經對我說過一句話，這句話奠定了我的人生目標。」原來，讀國中時，她身體羸弱，根本不能參加體育活動。可是她很要強，每當一科功課不理想時，就會深深自責。如此下去，她的身體愈來愈差，直到有一天，父親對她說：「以妳的條件，不必追求優秀，但妳可以做到良好。」她聽了，感觸很深，忽然明白一點，自己活著不是為了給別人看的，優秀還是良好，只要自己活得開心就好了。

此後，她很輕鬆地保持功課良好，身體慢慢有所恢復。考大學時她選擇了普通的大學，畢業後她選擇了離家較近的地方工作，戀愛時她選擇了一位平平凡凡的男人。婚後，她要求家庭生活平平淡淡就好，有了孩子，她從不要求孩子學這學那，在休息日和老公一起外出遊玩。日子舒心而恬淡，生活規律而美好，她天天睡午覺，做做健美操，不知道有多麼幸福。

「可是，」我說，「妳看到那些成功人士難道不羨慕嗎？妳這樣活著不怕別人說妳沒有理想和追求嗎？」

「不，」她語氣堅定地說，「一個人活著如果是為了讓人羨慕，是為了活給別人看，那她肯定不快樂，這與理想和追求無關。」我明白了，一個人如果不給自己煩惱，別人也永遠不可能給妳煩惱。因為妳自己的內心，妳放不下。所以好好的管教妳自己，只要對自己滿意了，不要管別人怎麼看妳。

我曾經給身邊的女性朋友們出過一個題目：一堆大米裡面摻進了沙子，兩者各佔一半，要是讓妳把沙子和大米分開，妳會怎麼做？結果我發現很有趣的現象，許多女子選擇了挑出沙子，認為只要一粒粒挑出沙子，剩下的大米就很乾淨了。而也有不少女子認為，應該挑出米粒，這樣，挑出一粒是一粒。對她們截然不同的做法，我想用一位女性的故事來給出答案。

黃美廉曾經獲得過加州大學藝術博士學位，她用她的手當畫筆，以色彩告訴人們「環宇之力與美」，並且燦爛地「活出生命的色彩」。可是誰能想到，她是一位從小就患有腦性麻痺的病人。疾病不但奪走了她肢體的平衡感，也奪走了她發音說話的能力。她從小生活在他人異樣的目光中，成長過程充滿了血淚。

有一次，黃美廉在某所大學舉辦特殊的演講，學生們被她不能控制自如的肢體動作震懾。有位學生忍不住小聲問道：「請問黃博士，您從小就長成這個樣子，您怎麼看您自己？您都沒有怨恨嗎？」聽眾們為之一驚，擔心這麼刺耳的問題會讓黃美廉受不了。

「我怎麼看自己？」黃美廉用粉筆在黑板上重重地寫下這幾個字。然後，她停下來，歪著腦袋看著發問的同學，微微一笑，隨後轉身繼續在黑板上寫道：

1．我好可愛！

2．我的腿很長很美！

3．爸爸媽媽這麼愛我！

4．上帝這麼愛我！

5．我會畫畫！我會寫稿！

6．我有隻可愛的貓！

7．還有……

會場內鴉雀無聲，誰也不敢講話。黃美廉轉過頭來看著大家，又轉過頭去在黑板上寫下了自己的結論：「我只看我所有的，不看我所沒有的。」

掌聲響起，經久不息。黃美廉斜著身子站在臺上，滿足的笑容從她的嘴角蕩漾開來。她的眼睛瞇得更小了，可是有一種永遠不被擊敗的傲然寫在她臉上。

只看自己所有的，不看自己所沒有的；只挑沙子裡的大米，不挑大米裡的沙子，這是多麼相似的精神境界！讀書時，我曾經在醫院當義工，與我搭檔的是名已婚女護士。她很憂鬱，常常對著我感嘆種種不如意的事，諸如她的工作收入太低了，工作時間太長了，她老公掙錢太少，兒子讀書不努力，總之，她很不快樂，也很不滿足。

有一天，我們專程到兒童病房去給小朋友講故事。有個半身癱瘓的小女孩對我說想聽「哆啦A夢」的故事。我沒有這本故事書，也不知道這樣的故事，於是就自己編了一個「哆啦A夢」。當小女孩聽到一半時，突然好奇地想看看我和女護士口袋的東西。

我們把口袋裡的東西全部掏了出來，當掏到最後一個口袋時，女護士只掏出了兩張百元的鈔票。她有些煩悶地說：「我的口袋裡沒有多少錢。」

小女孩卻抬起頭，忽閃著一雙漂亮的大眼睛說：「阿姨，妳的口袋裡雖然沒有多少錢，但是妳有一雙會走路的腳。妳是比我富有的人！」

聽了小女孩的話，女護士愣了一下，也許她從來沒有想過擁有健全的四肢有什麼特別的。可是，能自由自在走路的確是幸福的。我很喜歡這個樂觀的小女孩，對她說：「妳說得對，其實妳也很富有啊，因為妳有一雙美麗、明亮的大眼睛，還有健全的雙手。」

小女孩高興地笑了：「是呀！我只注意自己無法行走，卻忘記了我有一雙美麗的眼睛，還有一雙靈巧的雙手。」

這時，我看到女護士的眼裡閃過一絲異樣的光彩。剎那間，一股衝動讓我真想對她說一句，她的收入可能不高，老公可能沒有別人發達，孩子可能不如別人聰明，可是，他們一家擁有健康的身體，完整的家庭，還有穩定的、足以保障吃穿住行的收入。

《聖經》說：「似乎貧窮，卻是富足的。似乎是一無所有，卻是樣樣都有的。」是啊，幸福，不在於擁有多少，而在於妳從什麼角度去看待問題，享受自己擁有的一切。

老男人忠告

有句話說，人之所以痛苦，在於追求錯誤的東西。在這個世界上，每個人都有著不同的缺陷或不如意的事情，所以人們感嘆：人生在世，不如意事十之八九。就是說，人生這堆大米中混雜著太多沙子，如果妳為了保持大米潔淨，而去挑出沙子，那麼恐怕一生一世都難以完成。

9 不是祕密的祕密

當愈來愈多的攝影鏡頭對準了一般人，愈來愈多的電視節目將偷窺與暴露的欲望激發得愈發強烈，公開祕密和隱私已經成為了一種慣例。不過，有些祕密，也許不能稱其為祕密……

米莉和吳清一起進入我的公司，她們是好朋友，出雙入對，形影不離，引起不少人羡慕和讚譽。

「她們真像姐妹倆。」

「是啊，現在年輕人都很有個性，她們卻相處這麼好。」

一年後，米莉得到提升，成為部門經理，這時問題發生了。

那天，我坐在辦公室裡辦公，米莉忽然闖進來，她說自己的住處失竊了，損失了價值近萬美元的財物。細一詢問，我才知道，米莉家境良好，除了工作收入，父母還給她不少財物，都是供她自由支配的。

警方調查後，認為案件是熟人所為。米莉很驚訝，除了吳清，自己在這個地方哪有什麼熟人？我提醒她，害人之心不可有，防人之心不可無，要把握好人際關係的尺度。她似懂非懂，我也不便細說。

過沒幾天，很多關於米莉的不利消息傳得公司人盡皆知，什麼她小時候得過小兒痲痺症，所以腿腳不俐落；她幾歲開始戀愛，戀愛的對象竟是一個街頭少年；她曾經指責哪位經理，說他水準一般……

至此，米莉明白了，這一切都是吳清背後所為。吳清性格好強，容不得米莉一天天比自己出色，所以暗地找人偷盜她的財物，並宣揚她的種種短處，想用這種方法打垮她。

米莉找到我，對我說，我知道您的意思了，不能把任何人都當成知己，隨意把自己或者朋友的祕密向對方和盤托出。我說，對啊，當妳還難以確定對方的個人品行時，注意保持一定的距離是很有必要的，這樣做有利於妳自我保護，也避免別人認為妳是一個為人處世不成熟的人。現代女性，防人之心很重要，既要防止被騙錢，還要防止被騙色。

有些女人結識不久，就開始一股腦兒地向她人傾訴自己的苦衷和委屈。千萬不要被她們迷惑，說人是非者，必為是非人。有些人專門喜歡打聽他人隱私，不停傳遞著某某如何不好、誰誰有了外遇等等花邊新聞。她們會挑撥妳與朋友的關係，卻在妳與他人發生爭執時袖手旁觀、隔岸觀火。她們會添油加醋告訴妳他人說妳的壞話，慫恿妳與人爭吵。遇到這樣的人，一定要心存戒備。

想要讓女人守住一個祕密，簡直比殺了她還難，很多女人一轉身，便忘了自己曾說過要替對方保密的話，一個不留神，一分鐘前的祕密就不再是祕密了。刺蝟在天冷時彼此靠近取暖，但保持一定距離，以免互相刺傷。所以說，不要輕易與人分享自己的隱私，這是危險的舉動。

1、不該說的話不說

婚姻讓女人成熟，成熟讓女人更有魅力。三十多歲的她雖然不美麗，但是很可愛，很動人。她發現自己就像成長中綻放的花朵，魅力和芬芳不受控制地散發著，就這樣，她遊走於丈夫之外的那個男人身邊。

她說，這與寂寞無關，而與她的自戀有關。她渴望美麗被人欣賞，渴望風情被人解讀，渴望一雙迷戀她的誘人身體的眼睛，渴望因她的芬芳而激動的喘息……她能理清自己的感情，她知道什麼是真實樸素柴米油鹽卻天長地久的愛，什麼是浪漫美麗卻轉瞬即逝的喜歡。

只談風月，不談愛情，證明她沒有愛上他們，但她依然很矛盾，她對老公隱瞞了風情，這是不是欺騙？可是她又是用生命捍衛婚姻的女人。

記起我認識的一個女人，她是我一位朋友的妻子，這個充滿自信的女人逢人就會誇誇她的丈夫，她說：「我老公才好呢！不像你們這些臭男人，三心二意，尋花問柳……」

她這樣誇自己的老公不是沒有道理的，一直以來，我這位朋友在公司也好，在圈子裡也罷，很難得跟其他女人說幾句話，開幾句玩笑，給人的感覺儼然就是一位不近女色的好男人。可是每每聽到他老婆津津樂道地誇耀他時，心裡真不是滋味，因為每次出差時最喜歡尋花問柳的就是他了，而且他同時擁有兩個情人。也難怪有人說，全世界的人都知道這個男人在偷情，唯一不知道的或者最後一個知道的才是他的妻子。女人如同最動人的小說，凡是男人，全願意多得幾本，當然若是借來的，會覺得更有趣。

她知道自己很美麗，儘管失貞，她還是年輕而亮麗的。但性對男人來說始終是脆弱的，對有些男人來說甚至是不可觸碰的死穴，她不知道這個男人是不是能完完全全的接受她的過去，她究竟是應該讓愛情成為最坦白、最徹底的展露，還是將過去塵封起來，成為內心和身體永不開啟的祕密。

說還是不說，似乎成了一個難題。當這個世界愈來愈小，人類的窺私欲在無限膨脹放大的時候，人的祕密和隱私已經岌岌可危，那麼，到底該不該坦白內心深處的祕密？我想，每個人都有隱私，這不是欺騙，不該說的話就不說。有時真相會撕裂溫暖的家庭，讓傷疤重新破裂流血，只要現在還在愛著，只要被愛的人享受著幸福，只要妳的愛是真誠的，那麼就不要破壞這種狀態吧！當妳將過去的一切放下，重新審視妳面前的男人，懷抱著新的感覺去愛的時候，妳會發現愛情會給予更多的熱情和甜蜜。

老男人忠告

想要、需要愛情，而且會愛，是愛情留給女人一生的作業。儲存愛情的資本，而不是一下就點在愛情的死穴上，才能發現愛情的天地和表達的方式很寬。

2、有一種代價

與往常同樣的一個週末，一個人的宅女生活百無聊賴，於是她跑到書店抱回一堆圖書和影片。回到家，面對著那些她又愛又怕的恐怖片，她忽然怕了，於是一個電話召來了好哥兒們大熊，邀他一起看片。

第二天，她如往常一樣出門上班，鎖好門剛打算出發，回頭就看見了隔壁買菜回來的阿嬤，她笑盈盈的打招呼：「趙小姐，上班啊？」她點點頭，打聲招呼就下樓了，可是無意間一回頭，卻發現阿嬤瞪著眼睛好奇地目送她，弄得她滿心疑惑。晚上回家，隔壁的媳婦雙眼發光，拉著她就問：「昨天那個是妳男朋友吧！呵呵，長得不錯嘛，剛認識不久？」她驚訝萬分，隨即沉著臉衝進了家門。

後來，她換了份工作，工作繁忙，有時就乾脆將同事叫到家中來通宵工作，家中的男客也漸漸多了起來。於是，鄰家阿嬤的表情也愈來愈奇怪，有一點點不屑，有一點點可惜，又有一點點懷疑，而那位媳婦乾脆就不理她，迎面撞上也目不斜視。她倒不覺得遺憾，畢竟對她來說，鄰居過分熱情的關注才會讓她喘不過氣來。

她還在慶幸自己不知道什麼事情讓鄰居放棄了對她的貼身關注，誰知道一天晚上加班回家，走過社區的花園時，卻聽到了這樣一段對話：「那個十二樓1003的趙小姐，看上去倒是斯文秀氣，還說是什麼公司的工程師呢！可是每天從她家裡出來的男人，都有一個排了，都不同人，真是人不可貌相啊！」

這個聲音她立刻就聽出來了，這不正是鄰家阿嬤嗎？看過去，那位阿嬤正在一群白髮婆婆的包圍下，口若懸河的說著隔壁趙小姐的花邊新聞……

她著實懊惱，找到我哭訴道：「明星被傳緋聞還圖一個見報率，我呢，被無端冤枉成一個『風塵女子』，真是氣死人啦，我想立刻搬家。」憋一肚子氣還不能挑明了說，鄰居嘛，抬頭不見低頭見，沒大使館可撤離，也不能撕破臉。

為了平息她的怨怒，我給她講了我在中國大陸親眼見到的一件事：有位男士在公眾場合裡被個年輕女子打了一巴掌，說起來其實挺委屈的。起因是一群人在餐廳裡用餐，周圍的餐桌已滿，只是一名女士的身邊還有空座，這人輕聲問了一句：「小姐，旁邊有人嗎？」那小姐就推開餐盤伸手朝他臉上蓋了個印章……且不說這女士是不是有些神經質，誰讓小姐一詞，在那裡有別樣的意謂。一些場合，小姐的前面如果不冠以姓氏，許多人就不免產生聯想，這種稱呼也變了質，落魄成從事某種特種職業的人，常被叫做小姐。所以，小姐是隨便叫的嗎？

沒辦法，這個世界就是這樣俗。每個人都有潛在的窺視欲，也被世俗的某些觀念把大腦束成了統一的形狀。與異性交往歷來是獨身女性朋友倍加受人關注的事，為了一時的孤獨而被大家誤解，當然是一種成本，因為妳要為改變自己不合群的形象付出很大努力，特別是如果這種誤解來自身邊人的時候。如果妳想堅持自己的生活，就不能不接受這種生活。

老男人忠告

對於不想交往的人，不要應邀去吃飯、喝咖啡。即使最好的朋友，也要記得各付各的。對於妳不想交往的人送來的禮物，原封不動退回去。這是原則問題。

3、二十一世紀的新生活

電腦顯示幕右下角的任務欄不時亮出一個信封，告訴我收信啦。打開一看，是年輕的網友寄來的，她叫「墮落天使」。問她為什麼取這個網名，她說，墮落就是一種不由自主，一種對生命的無拘無束。墮落是一種快樂，就是很快消失的樂子，轉眼就沒了。放縱就是一種徹底的放鬆，完全的自由自在。把生命中最美的集中起來體驗，那就是一種墮落。

在她的眼中，人怎麼過都是一輩子，最後都是要死的。無非是誰活的長一點，誰死的好一點。死都要死了，還管怎麼死？

可是如果真的是這樣，那體驗完了，沒有能力再體驗了，生命還有意義嗎？活著還有意義嗎？

墮落真的那麼快樂嗎？其實現代女性，可以和男人一樣擁有金錢、權力、自由的空間和功成名就的豪情，還有顛覆以往生活方式的欲望。

太太的一位年輕女友從外地回來，到家中小聚，彼此談工作、談生活、談家庭，談到投機處，太太不由得發自內心誇她一句：「妳真會持家，真會過日子！」誰知對方卻變了臉色，有點惱怒又有點尷尬地半開玩笑說：「誰不會過日子呀，妳可別笑話我！」怎麼會是這樣？這下輪到太太茫然，輪到我詫異。

難得相遇的朋友卻弄得彆彆扭扭，心裡很不自在。女友走後，太太讓我幫忙分析原因。我發現無非是她那一句傳統的恭維話造成了尷尬的局面。這麼多年來，我們對勤勞勇敢、賢慧能幹的勞動婦女說這句話，從來都沒出過錯。只有一些過於敏感的女人會產生心酸的想法，說她會過日子，不就是說她老公沒本事嗎？有本事、能掙錢的老公，還需自己的女人精打細算地生活嗎?!

可是，時代不同了，現在的女人怎麼可能與過去的女人相提並論，她們很能幹，但是不喜歡別人稱呼自己為女強人。因為一來顯得她們不溫柔，缺少女人味；二來透著股可憐樣，好像自己沒人疼、沒人愛。有男人照顧，自己還需拼命掙錢嗎？有男人照顧，自己還需起早貪黑地操持家事嗎？男人征服世界，女人征服男人。最得意的女人應該是會花男人錢的，而不是會想盡辦法掙錢、省錢的！

這才是最致命的一點，女人心細如髮，誇她們就要誇她們身邊的男人。這個祕密對女人來說，應該早已不是祕密。又一次聚會，我的推理得到了驗證。我不懷好意地對一位女友說：「這麼多年妳還沒變啊！還是那麼會花老公的錢！」果不其然，話音剛落，女友已笑成了一朵花。

新世紀，新生活，必定也帶來全新的生活方式。網路上的女人在螢幕的另外一端尋求真正的無話不談的朋友，她們討厭欺騙，渴望真誠，她們想找個人來傾訴，分享自己的快樂與苦惱。網路為我們帶來了方便，人與人的交流不再受地域和家門的限制，再孤獨無助都可以在電腦中尋找新世界、新朋友。一個網頁又可以連接另一個網頁，志趣和際遇相近的都可以互相認識，生活的祕密在這裡變得更加撲朔迷離……但這一切的背後，在於關機之後就是一片空白。

在這個新的世紀，妳究竟想要怎樣的生活……

老男人忠告

新紀元的生活方式就是這樣：主動接觸不同的事物，釋放自己，參與不同的社交圈子。比如到近郊的大酒店或會所中，享用泳池、溫泉、健身房、咖啡室、電影院、運動場和公園等設備，有助你充電回神。

4、同性之間的偽裝

結婚之初，經常聽說某女被自己的閨中密友搶走老公的故事，嘆息之餘，太太很不安，很懷疑自己的友誼，於是緊鑼密鼓地修築了一道堅固的銅牆鐵壁，不讓女友有機會接近我，破壞我們的家庭。我笑著說，用人不疑，疑人不用，用懷疑的眼光看人，只會產生惡果。太太不聽，幾乎斷絕與女友的往來。

友情的主流大多是男人，很少聽到關於女人之間友誼的故事。從本性上看，女人確實與孔雀有著相似之處，她們和自己的同類在一起時，都會不自覺地競相比較或炫耀。想展現自己的優越，女人一般都會用揭發隱私來攻擊對方，以發洩自己的嫉妒和不滿：憑什麼妳比我好？我就是要讓妳無法再好下去！對比自己差些的，女人一臉的看不起，把鼻子抬到眼睛上，處處表示出自己的威嚴和凜然的氣勢。難怪小說家德萊塞說：「在所有生物中，女人最怕的是女人，而且在所有的女人中，最怕的是又聰明又美麗的女人。」

女為悅己者容，說的是女人可以為欣賞自己的人裝扮如天仙，這個人是男人，不是女人。一般的思維裡，女人的知己只會是男人，因為只有男人才會發自肺腑地喜歡女人、寵愛女人、縱容女人，甚至為女人瘋癲癡狂，上刀山下火海也在所不辭。

女人會把男人當作自己最可靠的朋友，最可信賴的親人，哪怕男人會背叛自己，會喜新厭舊，女人還是願意和男人建立親密的關係。但是女人也會孤單、會寂寞，男人不可能隨時像蜜糖一樣黏在女人身上。真實的情況是，當男人和女人相處久了，男人出門的時候，若是將門關得太響了，女人就懷疑他是在發脾氣；若輕輕將門關上，女人就懷疑他不存好心。這時，夫妻間也好，情人間也罷，就多了裂縫和猜忌。

一家公司要招收新職員，在面試中有這樣一個問題：你開著一輛車，在一個暴風雨的晚上，經過一個車站，有三個人正在等公共汽車。一個是快要死的老人，好可憐的；一個是醫生，他曾經救過你的命，是大恩人，你做夢都想報答他；還有一個女人（男人），她（他）是那種你做夢都想娶（嫁）的人，也許錯過就沒有了。但你的車除了司機以外只能搭乘一個人，你會如何選擇？請解釋一下你的理由。

理論上每一個回答都有他自己的原因：老人快要死了，你首先應該先救他。然而，每個老人最後都只能把死做為他們的終點站。你先讓那個醫生上車，因為他救過你，你認為這是個好機會報答他。同時有些人認為一樣可以在將來某個時候去報答他，但是你一旦錯過了這個機會，你可能永遠不能遇到一個讓你這麼心動的人了。

在二百個應徵者中，只有一個人被雇用了，他並沒有解釋他的理由，他只是說了以下的話：「給醫生車鑰匙，讓他帶著老人去醫院，而我則留下來陪我的夢中情人一起等公車。」每個我認識的人都認為以上的回答是最好的，但沒有一個人一開始就想到這個答案。

是否因為我們從未想過要放棄我們手中已經擁有的優勢（車鑰匙）？有時，如果我們能放棄一些我們的固執、狹隘和優勢的話，我們可能會得到更多。

那一天，太太從電視上看到一則消息，對她心靈觸動很大。美國紅杉樹聞名於世，是世界上最高的樹種之一，也是地球上最龐大的植物之一。據考察，紅杉樹有的高達300英尺，壽命長達二千五百多年，可謂世界奇蹟。紅杉樹主要生長地在美國加州沿海一帶，這裡經常發生颱風和暴雨天氣，氣候很惡劣，不利於植物生長。可是紅杉樹能夠如此頑強地成長，不少人猜測它們一定具有龐大的根系，伸展到地下幾百英尺，牢牢地抓住地下土壤，保持紅杉樹不被狂風暴雨颳倒吹走。然而，事情的真相出人意料。紅杉樹的根基並不深，因為加州海灘特殊的地質條件讓它們的根部無法紮得太深。它們不畏風暴的祕密在於每棵杉樹的根都和周圍杉樹的根縱橫交錯地鎖在一起。雖然表面上看起來是一棵棵獨立的杉樹，風暴來襲時，它們的根卻互相支撐、互相保護，一同抵禦了上千年的風雨。

太太說，她要像紅杉樹一樣，有幾個好姐妹，需要時大家可以在一起分享歡樂與痛苦。步朋友既可以在妳頭疼腦熱時為妳端水送湯，也可以在妳心情鬱悶不暢時聽妳嘮叨傾訴。步入婚姻多年的女性都有一個特點，有些事情無人訴說，老公不聽，孩子嫌煩，這時她會發現有幾個同性好友，是多麼必要。

然而，女人對結交的密友，時而會和她好得同穿一條褲子，同用一條毛巾，時而又會像死對頭一樣咬緊牙根，恨不得將對方撕成碎片。愈是親密的女人，愈是容易翻臉，將先前對方所有的隱私暴露於眾，用唾沫殺人於無形。女人好說長道短、搬弄是非的本性，很多時候可能扼殺了自己的友情。所以，選擇朋友要睜大眼睛，就好比用篩子篩東西一樣，不可以好的、壞的全憑拿來主義，全盤皆收。

老男人忠告

一個女人要贏得同性的喜歡，除了那些人人皆知的基本美德，最重要的是：不要讓女人覺得妳和她們在一起時的言行與和有男人的公共場合在一起時有明顯差別。不要偽裝，如果有些地方不得不偽裝，那至少不要在男人面前。

10 結語
女人的夢想

一個女大學生戀愛了，男友是自己的同班同學。校園戀情簡單而浪漫，他們喜歡光顧街邊的小吃攤，有時看看最新的電影，碰上假期就走遠一點，來趟小小的旅遊。一位剛進公司的小妹與早兩年進來的同事牽手了，兩人愛泡在咖啡館裡，享受屬於兩人的時光。她有著自己的設計工作室，是眾人眼中的格調女人，用眾多的奢侈品寵愛自己，然而有一天她遇到了他，一個並不能給他物質享受的男人。於是她開始喜歡散步，挽著他的手走過大街小巷，她不去聽音樂會，而是去看電影，她不再非高檔餐廳不可，而跟著他滿街尋找新奇的餐館。她對我們這群朋友說，她是真的愛上他了，她的夢想成真了。

對女人來說，愉快的是精神，而永遠不是物質享受。女人可能沒有美好的生活，但總是有美好的夢想。對她們來說，夢想讓灰色的現實在天性浪漫的頭腦裡加上了粉紅的底色。她夢想找到屬於自己的白馬王子，夢想自己是童話中被王子吻醒的睡美人，夢想有人默默為她支撐起一片天空，夢想牆角裡跳出一個人，帶著溫柔的笑容獻上火紅的玫瑰……

這些夢想屬於每一個女人，是她們心中羞於向人傾訴的夢想。然而，正是這些綿延在所有女人心中的夢想，一直左右著男人、女人之間的交往，左右著古往今來的愛情和婚姻，想起來，這些愛夢想的女人又何嘗不在本書中演繹過一段段愛恨情仇的故事？讓我們來看看她們，瞭解她們，聽聽她們的心聲，再看看男人們對她們的看法，瞭解男人內心深處的夢想，也許會為她們獻上一劑愛的祕方，讓她們愛得更好、更幸福。

推薦給優雅女看的書

就愛這個味道：

完美女人都在學，妳還在等什麼

當讀了這本書之後，就連男人都想下輩子做女人！
用自己的方式勇敢的愛自己，每個女人都需要的魅力塑造說明書，魅
，看不見的影響力——48條魅力法則，總有一條適合妳。
從穿著細節到言行禮儀，從內心修煉到財富倍增，48種方法喚醒屬於
的完美基因，即使不穿12CM的高跟鞋照樣脫穎而出！

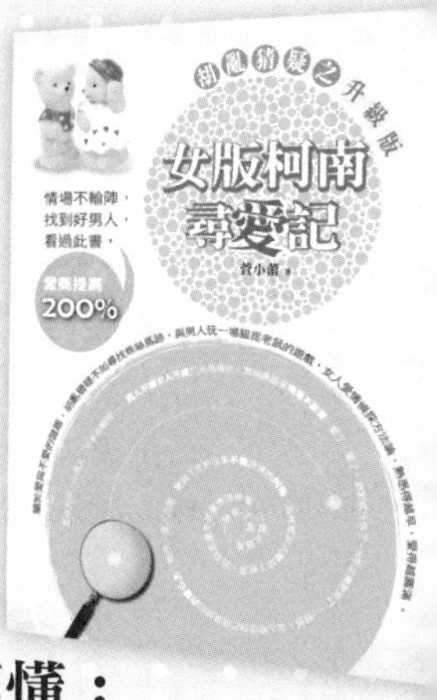

胡亂猜疑之升級版：女版柯南尋愛記

情場不輸陣，找到好男人，看過此書，愛商提高200%！
本書選取了男人在愛情婚姻和日常生活中一些典型的行為表現，分析了其傳遞出的真實資訊，來幫助女人去觸摸男人的內心。因為只有瞭解這些真相，哪怕真相很殘酷，妳才會找到應對的方法，守護住那份來之不易甚至很可能會失去的幸福。

男人不說，女人真不懂：

那些前男友教我的一些事

每個女人的心中都住著一個或幾個前男友。當新歡成了舊愛之後，你學了什麼？閱讀本書的最大意義是告訴你，和錯的舊愛分開，才會遇到對新歡。
如果你和一位男生戀上了，發現他既笨又壞，麻煩妳順便鍛練一下手臂做一個甩的姿勢！

非愛勿擾：換一個方法去愛

四個現代女性，一群互相支持的女性好友，如何給予彼此智慧與協助，跳脫愛情當事人無法抽離的部份？最後……她們是否可以得到理想的男人、理想的愛情？成為感情的勝者？

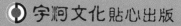

國家圖書館出版品預行編目資料

一個老男人給女人的N條忠告 / 凱文．王編著.
第一版——臺北市：宇河文化 出版；
紅螞蟻圖書發行, 2009.6
面； 公分.——（Woman's Life；24）

ISBN 978-957-659-717-6（平裝）

1.兩性關係 2.成人心理學
544.7 98008515

Woman's Life 24

一個老男人給女人的N條忠告

作　　者／凱文．王
美術構成／Chris' office
校　　對／鍾佳穎、朱慧蒨、周英嬌
發 行 人／賴秀珍
總 編 輯／何南輝
出　　版／宇河文化出版有限公司
發　　行／紅螞蟻圖書有限公司
地　　址／台北市內湖區舊宗路二段121巷19號（紅螞蟻資訊大樓）
網　　站／www.e-redant.com
郵撥帳號／1604621-1　紅螞蟻圖書有限公司
電　　話／(02)2795-3656（代表號）
傳　　真／(02)2795-4100
登 記 證／局版北市業字第1446號
法律顧問／許晏賓律師
印 刷 廠／卡樂彩色製版印刷有限公司
出版日期／2009年6月　第一版第一刷
　　　　　2016年4月　　　第九刷

定價250元　港幣83元

ISBN 978-957-659-717-6　　Printed in Taiwan